THE 3-MINUTE RULE

Say Less to Get More From Any
Pitch or Presentation

3分钟俘获人心

闪速征服用户的魔力表达法

[美] 布兰特·平维迪奇（Brant Pinvidic） 著

孙峰 译

中信出版集团 | 北京

图书在版编目（CIP）数据

3分钟俘获人心：闪速征服用户的魔力表达法 /（美）布兰特·平维迪奇著；孙峰译. -- 北京：中信出版社，2020.10

书名原文：THE 3-MINUTE RULE: Say Less to Get More From Any Pitch or Presentation

ISBN 978-7-5217-2104-1

Ⅰ.①3… Ⅱ.①布…②孙… Ⅲ.①销售—商业心理学 Ⅳ.①F713.55

中国版本图书馆CIP数据核字(2020)第183550号

THE 3-MINUTE RULE: Say Less to Get More From Any Pitch or Presentation by Brant Pinvidic
Copyright © 2019 by Triple I Trading.
All rights reserved including the right of reproduction in whole or in part in any form.
This edition published by arrangement with Portfolio, an imprint of Penguin Publishing Group, a division of Penguin Random House LLC.
Simplified Chinese translation copyright © 2020 by CITIC Press Corporation
ALL RIGHTS RESERVED
本书仅限中国大陆地区发行销售

3分钟俘获人心——闪速征服用户的魔力表达法

著　者：[美] 布兰特·平维迪奇
译　者：孙　峰
出版发行：中信出版集团股份有限公司
　　　　（北京市朝阳区惠新东街甲4号富盛大厦2座　邮编　100029）
承　印　者：中国电影出版社印刷厂

开　　本：880mm×1230mm　1/32　　印　张：7.25　　字　数：110千字
版　　次：2020年10月第1版　　　　印　次：2020年10月第1次印刷
京权图字：01-2019-7332　　　　　　广告经营许可证：京朝工商广字第8087号
书　　号：ISBN 978-7-5217-2104-1
定　　价：42.00元

版权所有·侵权必究
如有印刷、装订问题，本公司负责调换。
服务热线：400-600-8099
投稿邮箱：author@citicpub.com

致我的妻子朱莉安,
谢谢你在我创作本书时的陪伴。
我早已习惯了你的无微不至。

致三个更好的"我":
卡勒斯、布里安娜和布雷登。

土耳其人艾伯特,
我们想你。

赞誉

如果人人都能学会像布兰特一样在3分钟内成功推介他们的节目,好莱坞所有人一天的工作都能在午餐前搞定。如果你靠演讲谋生或偶尔需向他人做展示,我建议你读一读《3分钟俘获人心》,你的演讲将极具说服力。

——凯文·贝格斯(Kevin Beggs),狮门电视集团(Lionsgate Television Group)主席

我曾在一些极为棘手的场景中目睹过布兰特的风采,没人比他更擅长推介演说。你若想让演讲更加高效,给人留下深刻印象,绝对要读读这本书。

——莉兹·盖特利(Liz Gateley),流媒体音乐服务商声田公司(Spotify)创意开发负责人

布兰特在构想"三分钟法则"的过程中吸取了他在娱乐界的成功经验,如今这一法则放之四海而皆准,不论在什么行业,进行何种演讲,面对怎样的听众,它都屡试不爽!

——史蒂夫·提汉尼(Steve Tihanyi),通用汽车公司前总经理

在刚读了这本书一半的时候,我就已经在三场会议中运用了三分钟法则。这本书为很多人解了燃眉之急。

——迈克尔·格鲁伯(Michael Gruber),凯撒娱乐集团(Caesars Entertainment)首席新业务官

布兰特的演说充满创意,始终如一,总能给人留下深刻印象,备受赞誉。你可以读读《3分钟俘获人心》,学学他的做法。

——保罗·布切里(Paul Buccieri),A+E传媒集团(A+E Networks Group)总裁

好的想法只是成功的第一步。布兰特擅长的恰恰是把想法恰当地呈现出来,让听众为之兴奋,产生信任。如今,你可以在《3分钟俘获人心》一书中学习他的好办法。

——布拉德·富勒(Brad Fuller),美国白金沙丘(Platinum Dunes)制片公司合伙人

想要在演讲中呈现出高效且难忘的效果,你一定要读读这本书。

——托尼·迪桑托(Tony DiSanto),MTV(音乐电视网)节目制作部总经理

《3分钟俘获人心》传递了一条重要经验——每个人都能学得更好。

——乔纳森·默里(Jonathan Murray),美国布尼姆-默里制作公司(Bunim/Murray Productions)创始人

赞誉

你如果能把自己的想法浅显易懂地传递给他人，就算成功了。布兰特和他的《3分钟俘获人心》将会教你怎么做到这一点。

——杰夫·加斯宾（Jeff Gaspin），美国NBC环球电视娱乐公司（Universal Television Entertainment）前主席

布兰特出类拔萃，《3分钟俘获人心》是他的巅峰之作。

——汉克·科恩（Hank Cohen），美国米高梅电视娱乐公司（MGM Television Entertainment）前总裁

《3分钟俘获人心》是一本沟通宝典，不仅适用于商界的项目推介，而且对提升人际交往能力也大有裨益。

——汤姆·舍曼（Thom Sherman），英国CBS娱乐公司（CBS Entertainment）节目制作高级执行副总裁

作为买方，我参加过几千场推介演说，而布兰特的演讲给我留下的印象最为深刻。他深入浅出地传达观点的功力在这本书中可见一斑。

——约翰·萨迪（John Saade），ABC娱乐公司（ABC Entertainment）另类系列节目、特别节目和深夜节目前执行副总裁

常常有人问我"表达一个想法的最佳方式是什么"。现在，我可以简单地告诉你："读《3分钟俘获人心》，然后坚持执行！"

——乔恩·辛克莱（Jon Sinclair），奥普拉温弗瑞有线电视公司（Oprah Winfrey Network）节目制作和开发部执行副总裁

我目睹过布兰特把难以掌握的技巧简单地呈现出来。你在《3分钟俘获人心》一书中就能学到这个能力。

——帕拉格·马拉特（Paraag Marathe），旧金山49人队（49ers Enterprises）总裁，橄榄球运营执行副总裁

这么一本有趣、实用、富有见地的商业书实属罕见。你不论是要进行演讲还是做宣传，都该读读《3分钟俘获人心》。

——比尔·沃尔什（Bill Walshe），总督酒店集团（Viceroy Hotel Group）首席执行官

布兰特让人们意识到当今的沟通方式在技术层面发生了巨大变化，也让人们切实感受到他所讲的内容是一门真正的沟通艺术。我在该领域见过很多专家，但布兰特对此确实进行了深入思考，他对于如何促进有效交流不乏奇思妙想。

——戴维·维尔德四世（David Weild IV），纳斯达克（NASDAQ）前副董事长

在读完这本书之后，我可以用短短的3分钟更加坚定地陈述案情和我的观点，或者力挺我身边的决策者，包括法官、陪审团甚至辩方律师。

——罗宾·萨克斯（Robin Sax），加利福尼亚州前检察官

你也许拥有世界上最棒的创意，但如果无法将其展现出来，它又有什么用呢？《3分钟俘获人心》为你提供了完美地推介你的创意所需的技能，让

赞 誉

你胸有成竹。

——帕特里克·德雷克（Patrick Drake），美国电商你好生鲜公司（HelloFresh）联合创始人

《3分钟俘获人心》简单易读，它还教人如何清晰简洁地呈现价值。

——塞尔维·迪·朱斯托（Sylvie di Giusto），CSP（注册安全师），美国演讲家协会纽约分会前任会长，主旨演讲人

《3分钟俘获人心》让我大开眼界，不过并不令我意外。从布兰特初到洛杉矶之时，我便听过他的推介演说。他总是能够清晰简洁地传递观点，引人入胜。我一直慨叹布兰特这种独一无二的能力，如今他找到了把这个秘诀传授给他人的好方法。

——马特·沃尔登（Matt Walden），美国成事集团（Make Good Group）负责人

我如果当初没有阅读《3分钟俘获人心》，现在都不会做推介演说。

——本·尼姆汀（Ben Nemtin），《死之前你想做什么？》（*What Do You Want to Do Before You Die?*）联合作者

我们的观众严苛挑剔，而布兰特在这群人中获得了大批粉丝，包括我！《3分钟俘获人心》一书展现了布兰特风趣的个性，教给读者实用的人生经验。你若想要增加收入，一定要读这本书。

——尼科·P. 普龙克（Nico P. Pronk），诺布尔资本市场公司（Noble

Capital Markets）总裁兼首席执行官

职场中人都需要《3分钟俘获人心》。

　　——休·鲁斯文（Hugh Ruthven），麦当劳公司前营销总监

能够以简洁易懂的方式向他人展示想法是一项重要技能，它可以为我们的职业生涯带来积极影响。对于想学习并掌握这项技能的人而言，布兰特是权威。

　　——乔什·舍因菲尔德（Josh Scheinfeld），林肯公园资本公司（Lincoln Park Capital）创始人兼常务董事

赞　誉 / Ⅲ

前　言 / XIII

第一章　三分钟法则　/001
　　　　委员会决议　/004
　　　　合理化故事　/008

第二章　关键词　/013
　　　　走极端　/015
　　　　难道就是如此简单　/016
　　　　我做错了什么　/024

第三章　用 WHAC 法梳理故事　/029
　　　　拯救戴维的演讲　/031
　　　　用 WHAC 分类法构建故事　/037

第四章 价值陈述 /045

修改彼得的 PPT /047

故事胜过形式 /051

第五章 故事之外的那些事 /055

"我没听懂" /057

没有愚蠢的问题 /062

第六章 信息和要约 /065

补救水暖公司的推介演说 /067

第七章 核心的 3 分钟 /077

我知道做起来不容易 /081

再做一次 WHAC /083

别抠字眼 /086

第八章 "钩子" /093

和 49 人队的合作 /095

帕拉格的"钩子" /102

找到你的"钩子" /104

不要开场就用"钩子" /105

凯蒂·佩里最棒 /110

目录

第九章 "锋刃" /113
屁股蛋碰撞通道 /114
你的屁股蛋碰撞通道是什么 /118

第十章 善用负面信息 /123
你不希望观众发现什么 /124
将弱点转化为优势 /126
"全完了"时刻 /129
听众厌恶演讲者隐瞒负面信息 /131

第十一章 你的3分钟演说 /135
陈 述 /138
信 息 /139
要 约 /140
前后内容 /141
它是什么 /142
它如何操作 /142
你确定吗 /143
你能做到吗 /143
"钩子" /144
"锋刃"和劣势 /144
全部和"接下来"有关 /145
演讲中别学塔伦蒂诺 /147
电话测试 /148

第十二章　开场白、呼应和结尾　/153
存在理由　/158
呼　　应　/161
但是，布兰特，结尾怎么办　/165

第十三章　少用 PPT　/169
PPT 十诫　/173
你的 3 分钟和 PPT　/180
父亲的考验　/183

第十四章　你涂口红了吗？　/187
时刻想着成交　/192
激情陷阱　/196
导演剪辑版　/203

致　谢 / 205

前　言

当你在为说服他人付诸行动而进行推介演说、产品演示或提出议案的时候，听众会在3分钟之内形成第一印象。他们只需这么短的时间就会在大脑中做出决定。这不怪你，而是客观情况。

人类注意力能够集中的时间在过去20年中不断下降。微软公司最近进行的一项研究发现，人类的平均专注时长仅为8.2秒。

相比之下，金鱼的专注时长都有9秒。

这并不是说我们都是头脑简单、盲目跟风或注意力不集中的人（如果你家有青春期的孩子，你可能不同意这种说法），事实恰恰相反。

人们的注意力其实比几个世纪之前更加专注、高效。由于各种技术的传播，人们能够快速获得海量的信息，消费者因而变得知识广博。他们对长篇大论的解释、没完没了的絮叨和繁多的销售话术零容忍，他们在8.2秒之后就会不理睬你了。

如今的听众只想要信息，他们希望得到迅捷、清晰而简洁的信息。

不论你在演讲时面对的是一家研究型大医院的董事，还是当地高中的家长教师协会（PTA），听众想要的信息都没有太大差别。现实将给你当面一击。我打赌你已经感受到了压力。

我懂。你我同病相怜。

要想成功，你必须能够传递有效信息，以此抓住听众的注意力并让他们在决策的初始阶段充分吸收你的演讲信息。他们必须明确你的想法，切身感受到自己能够得到的利益，然后尽可能地参与其中或产生进一步的兴趣，从而让利益得到实现。

你有大约3分钟的时间，我们都一样。

一般来说，一本商业类图书的前言都会超过14页，但大多数读者在读到前6页，甚至还没到第6页的时候，就已经决定要不要继续读下去了。做这个决定大概也只要3分钟。

所以在正式开始之前，我得让你兴致盎然地读完前6页。

本书将手把手地教你如何通过战略性地压缩业务和优化产品或服务，从而将这些信息简化为最有价值和最具吸引力的元素。在这之后，你将学会用好莱坞式的高水准叙事技巧简洁有力地展现这些元素。

这一体系的基础便是"三分钟法则"背后的核心原则：

一定要在3分钟内清晰、简洁、准确地呈现出与你的业务、想法、产品或服务的价值有关的全部信息。在演讲的前3分钟，你需要生动地描述你的提案中最有价值的部分，抓住并持续吸引听众的注意力。最重要的是抓住机会，吸引他们参与进来。

只要遵守这一法则，你就能够在每次的推介演说或演示中做到事半功倍，三言两语搞定客户。

我谈的不是"电梯游说"。正式的会议、真正的业务以及有效的沟通都需要更长的时间，需要运用经过深思熟虑、精心挑选的话语，而不是在电梯里随便聊几句那么简单。

我要讲的是以最引人入胜的方式传递最有价值的信息，从而赢得进一步的合作。3分钟并不仅仅是一个用来压缩信息的时间标准，而且是要在如此短的时间内以接近动机（approach motivation）原理为基础，探究消费者的兴趣点。根据该原理，你如果能持续吸引消费者的关注，就可以唤起他们的欲望。而这只需3分钟。

- 简洁就是力量！
- 清晰就是吸引力！
- 信息就是价值！

关键在于如何区分你想说的和你该说的。

本书就将告诉你究竟怎么做。

要想呈现信息高效且具有说服力的3分钟，我认为需要分两步，本书剩余内容都将围绕它们展开。

- 第一步：简化并将信息压缩为最有吸引力和最具价值的核心元素。这样，你就可以创建一条点对点的路径，引导听众穿梭在信息流中，从而到达理想的结果。
- 第二步：你用听众感兴趣的趣事连接这些元素，然后充实3分钟的内容，锁定听众的注意力，让他们对你的目标产生渴望。

本书详细解释了这两个步骤，你可以利用它们有力而高效地传递信息，让你所讲的内容为听众所吸收和理解。

看完本书后，你会懂得以下几点。

- 如何使用好莱坞编剧惯用的叙事技巧让基本的推介演讲变身为一个内容紧凑、引人入胜的故事。
- 如何用听众能够理解的细节传递信息并引导他们得出你要的结论。
- 呈现富有影响力而且高效的3分钟演说，以便赢得进一步的机会。
- 把关键要素融入一个有趣的精彩故事中，以少而精的话语传递更多信息。

不论你是什么角色——顾问、业务代表、快餐厅经理、私人培训师或总承包商，你都能利用本书中的指导原则有效地向他人传递想法。你将把这个原则用到生活的方方面面，而且还能做得又快又好。

这之后，本书将教你WHAC分类法，帮你确定、评估并排列演讲中最为重要的元素。通过回答四个WHAC问题 [它是什么（What）？它如何运作（How）？你是否确定（Are）？你能做到吗（Can）？]，你就可以用一个紧凑的叙事结构把最重要的信息呈现出来，并游刃有余地运用讲故事的力量。

我们首先会将你的推介或演讲分解为用项目符号列示的要点，然后将这些要点拓展为核心的价值陈述（statement of value）。之后，我们用行之有效的好莱坞叙事技巧将它们连接起来。通过本书，我们将一起从零开始打造一场3分钟的推介演说。我甚至会告诉你如何为推介、演示会议进行开场和结尾。

你将看到文斯·麦克马洪（Vince McMahon）、吉米·法伦（Jimmy Fallon）、卡梅伦·迪亚斯（Cameron Diaz）、几十个毛茸茸的小兔子、水管工、石油勘探者、为马匹在爱彼迎（Airbnb）上发布马棚信息的人们及许多困惑的CEO（首席执行官）；了解什么是屁股蛋碰撞通道（Butt Funnel）；发现"自由鸟"（Freebird）不仅仅是一首歌；参加一个与会者达43人的决策会议；进行火警和电话测试；爱上便利贴，讨厌PPT（幻灯片）；找到故事的"钩子"（hook）和"锋刃"（edge）。

本书的创作基于我在好莱坞做制片人、顶级高管层教练兼演讲顾问的20年经验。

我参与了近1万场推介演说。通过使用三分钟法则，我向40多个不同的电视网络公司和经销商售出了300多个影视项目。在3分钟的推介演说中，我曾售出了《改头换面：减肥版》（*Extreme Makeover: Weight Loss Edition*）、《酒吧救援》（*Bar Rescue*）等电视节目，创造了近10亿美元的营业额。

这套方法并非仅仅适用于好莱坞：在过去的五年中，我致力教授路演、演说和销售技巧，推介的对象包罗万象。我将这些原则成功地传授给《财富》100家增长最快的公司的CEO和家长教师协会会长等。这些方法帮助水暖公司销售房屋修复系统，帮助律师赢得案件，也帮助石油钻探公司卖出股份。

三分钟法则比你想象的要容易，而且比你现在的做法更省力。你不用长篇大论，但是我保证，你会收获更多。

我能再写十几页，细数这本书会给你带来什么以及具体的做法，但这无济于事。你大概已经决定是否要读下去了。为什么前3分钟对任何推介、演示、提案或图书前言来说至关重要？原因就在这里。

千万不要在前3分钟就失去听众。

现在开始吧。

第一章

三分钟法则

我们先来更正一些常见的对于推介演说或演讲过程的误解。这一理解的基础将帮助你打造最为有效的前3分钟。

误解一　演讲需要天赋、正式的场合及充满创意的语言，这样你才能脱颖而出、一鸣惊人。

事实恰恰相反。

在帮助他人演讲的时候，我抛给他们的第一个问题常常是："你准备的这些幻灯片、呈现的信息、要讲的笑话以及引用的名人名言，与你的推介或演讲有什么关系？"

答案通常和他们的终极目标有关，比如将营业额提高到一定水平，然后出售公司。

我建议他们化繁为简，不要想得那么远。

接着，他们就会给我一个月度销售目标。

"再小一点！再简单些！"

这样的交流一直持续到对方无言以对为止。通过这个练习，他们可以理解什么是影响他人的根本原则。

用最简单的话来说，答案是："你得尽可能有效地传递信息。"

如果你能够让他人按照你的思路理解信息，你的其他目标都将水到渠成得以实现；如果人们能像你一样了解你所推介产品的价值，你就能卖出更多产品；如果你的老板能够像你那么了解你的提案，他们就会全力支持你。

这背后的原理放之四海而皆准：能否将信息传递给他人并让他们按你的思路理解信息，将决定你的生活和事业能否取得成功。

只要你能把这点做好，你就能达成销售目标，赢得市场，甚至可以写一本书。如果你能放弃自己之前对销售话术、措辞或技巧的所有偏见，仅仅把焦点放在你所传递的信息价值以及如何打磨自己的阐述过程，从听众的角度出发，让他们理解你所传递的信息，那么我保证你会获得成功。

三分钟法则会带你一步步将最重要且最具价值的信息编织成一个引人入胜的故事，让你的听众沉浸其中。

误解二 我的业务、产品或服务太过复杂，难以在3分钟内说清楚——我有太多要说的。

我所认识的公司领导人和CEO几乎都对我说过这样的话："我不可能把演讲压缩到10分钟以内，我有太多内容要讲了。"

我告诉他们，这种想法是错的。

3分钟，不仅仅是压缩提案的关键要素和简化演讲内容的时间标准，它还能让听众从开始做决策时就专注于你的讲述。如果你不能把自己的想法精简到3分钟以内，听众将会无视你的所有重要信息，草率做出决策。你一定不希望你的听众这么做。

在每一个电视节目中，每个场景下的冲突几乎都能在3分钟时得到化解。例如，《鲨鱼坦克》(*Shark Tank*)[1]在每集中都会设置这样一个决策标记。节目从一位创业者的出场到一位"鲨鱼"投资人说"我退出"，几乎总是3分钟时间。

我每年推介40多部电视节目，每段推介演说或演示几乎都只用3分钟。在任何推介演说或演示的前3分钟，听众都会分析你的提案的基本要素并进行衡量，然后决定是否愿意进一步参与其中。

这就是控制叙述过程并在演讲的每个方面都引导听众格外重要的原因。

你还得了解你的演讲对象。有时，你的说服对象虽然是一个决策者，但通常事情不会如此简单，他或许还要去说服别人，以此类推。甚至当你早已不在场之后，你的演说还会被其他人口口相传。

本书的后面将讲述如何简化信息，让它们能够清晰简洁地在多人的传话筒游戏中存活下来。不过，我想先讲讲我曾说服过的最难搞定的听众。

委员会决议

十几年前，我正在华盛顿特区国家地理公司的接待大厅等人。当时，这家公司的总裁秘书过来招呼我："霍华德·欧文斯（Howard

---

1. 《鲨鱼坦克》又名《创智赢家》，是美国一档著名的创业真人秀节目。——译者注

Owens）希望你能加入正在进行的会议。"

我当时是为了等霍华德一起吃午饭，并没有准备参与任何会议。

霍华德是我的朋友，他刚刚接任国家地理频道（National Geographic Channel）的总裁一职。当天早些时候，他确实和我提到过他要参加一场全公司的绿灯会议——电视公司审核节目最终通过与否的会议。我知道我有个节目就是那场会议的审核对象之一。因为霍华德是总裁，而且我知道他对那个节目赞赏有加，所以我期待着午餐时和他庆祝一番。

霍华德在会议室门外和我打了招呼："布兰特，我们刚才正在谈论你的节目，我费尽口舌介绍节目内容，但大家有一大堆问题。正好你在楼下，我觉得最好还是把你叫上来。"

这有些不太正常，他竟然让我参加他们公司的绿灯会议。制片人从不参加这种会议。从不！但这并不是最奇怪的地方。

在那间会议室内，43个人围坐在一张巨大的会议桌前。真的，43个人！会议间歇，我以数人头为乐。

这么多人真让我难以置信！我听人说IBM代表着超级大会议（Incredibly Big Meeting），如果你在IBM（国际商业机器）公司工作，请告诉我你们的参会人数有没有超过43人。

提问开始了。令我惊讶的是，参会者似乎对节目情况一头雾水，知之甚少。霍华德是公司总裁，我知道他对节目很了解而且兴趣浓厚。可是，他显然在转述节目内容时遗漏了一些信息。

有好几次，我感觉参会者都在努力给出一些消极的评价。而且，我觉得随着讨论的持续，节目的价值也被慢慢消磨。幸运的是，我运用了一些后来成就了三分钟法则的方法，又临时做了一次推介演说。

这样，此前纷乱的讨论才告结束，我们收获了一个六集电视节目的订单。

我很快被带出会议室，然后他们继续讨论——更准确地说，是批判下一个节目的推介。不幸的是，这个节目的制片人不在接待大厅。

从那个会议室离开之时，我深刻地意识到两点。

第一，我之前也提到了，会议规模！我从未见过43个人开会做决策的情况！他们有的来自营销部，有的来自调度部，有的来自财务部，还有法务部和人事部的；他们中有部门领导、副职甚至还有副职的代理。每个人对节目的卖点和可行性都各持己见。

真是不可思议！

问题之多和各种臆测也是惊人的。如果我当时没有到场纠正错误信息，那么结果一定不堪设想。当想到自己制作的每个节目都可能在绿灯会议中遇到这种情况时，我不寒而栗。

我在演讲中常常会讲到这段经历，每次我描述完这场会议时，总有听众发出认同的感慨。如今，电视界甚至所有行业都开始引入委员会决议（decision by committee）的概念。于是，会议室变成了一个战场。

第二，我在向霍华德介绍节目时所做的工作不够到位。他得先吸收我告诉他的信息，然后再向不同人多次转述，难怪信息会在转述过程中失真。如果我不能出现在每场会议中，那么谁会在会议上澄清我的想法呢？

显然，这也是我注意到的一个令人不安的趋势的原因。虽然我和参加绿灯会议的节目采购方在会上其乐融融，相谈甚欢，但还是可能出乎意料地收到"节目不通过"的意外打击。对于我们的节目没有得到预期的支持，电视台的高管也常常和我一样意外。

我暗自忖度，我得想办法抑制这种低效的委员会决议现象。从那时起，我每次准备推介演说的时候都会提醒自己：有人会把我的观点分享给其他人。即便我的听众就是决策者，他们也要向其他人转述。

要记住：你不仅要清楚自己是向谁推介，而且还要清楚他们需要向谁转述。

不论你自己准备的材料有多精美，也不论你能让别人对你的提案多么赞赏，他们最终都会在总结一番后向其他人转述你的推介。

假设你花了整整一个小时向某人介绍你的提案，而且觉得自己的讲解十分精彩。你的听众在这一个小时里完全沉浸在你的信息中，他们彻底了解了你的想法，而且非常喜欢。

现在，他遇到另一个人问他："你为什么喜欢那个提案？"你猜猜他会花多长时间作答并转述他所接收到的有用信息。

没错，3分钟。虽然你刚刚参加了一场一个小时的精彩推介，但你只能吸收3分钟的内容。

当你读完本书之后，我希望你和你的朋友（越多越好）分享其中的内容。他也许会问："这本书讲的什么？我为什么要读它呢？"

你会本能地将整本书的内容压缩为一个不到3分钟的解释。我花费多年心血构思、18个月才写作而成，而你却可以在不到3分钟的时间内向他人讲述本书的全部内容。

我们就是要以这种方式本能地处理并转述信息。

现在，给我讲一部你最喜爱的时长为两小时的电影，或者你刚看过的一本篇幅达400多页的书。你会发现，你只需要3分钟。

不论你讲的是什么，不论别人能吸收多少信息，他们都将用"合理化故事"（rationalization story）来解释它们并向他人转述。

你或许会觉得这有点令人沮丧，不过这是好事。正如我之前所说，3分钟不仅仅是你压缩信息的时长限制，其背后有很多科学因素。

合理化故事

在准备演讲或提案内容时，你需要考虑两个最重要的因素：知识和合理化过程。

- 我的听众已经掌握了哪些知识？（我们稍后将谈及这一点。）
- 他们将如何合理化自己对我的提案的认可？

简单点说，人类是唯一有能力进行合理化思考的物种。其他生物都是通过本能和经验做决定的，而唯独人类有能力进行合理化分析。这是一种惊人而强大的情感能力，是我们做决定的基本条件。

你所决定的每一件事都在你的脑海中经历了合理化过程，这是我们做每件事背后的"原因"。更重要的是，这是我们所相信的一切以及拥抱这个世界并生存于其中而要接受和理解的"原因"。

合理化拥有巨大的能力，它驱动着我们身边的所有事情，从日常决策到相爱相杀，无一例外。我们像是被植入了程序一般，几乎所有的行为都要经过一个可接受的合理化过程。无论是使用哪种牙膏，还是要不要谋杀他人，这个决定都将在经过大脑的合理化过程之后而得到认可。

事情由此而变得有趣。当你合理化任何决策的时候，你的大脑会将与特定决策相关的所有因素自然分类，并以最为有效且最具说服力的方式转达给你，从而让你"理所当然"地做出决定。

我们来做一个简单的自我评估。

我有一个小问题："你为什么要开现在这辆车？"请用一句话来回答这个问题。你有答案了吗？

"我喜欢它。""买得划算。""我一直都买这款。"

让我现在问得再深入一点：请解释你为什么选择那款车以及为什么开那辆车。你每给出一个答案，不妨再问几个为什么，深挖几层。

"这款车很划算，耗油少，而且我从不担心它会抛锚。"

这就是整理思路与合理化决策的过程。你借此给自己的欲望和感觉找一个合理的原因。如果你不断在脑海中提问"为什么"并做出回答，你将清楚地看到自己的决策依据。

现在，请你在脑海中复盘这一过程并想象自己大声描述这个过程的情形。

这很重要。你将会听到一些不可思议的事情。

你的大脑已经自然而然地将决策中最具价值的因素前置并且进行了特定排序。对你来说，购买那款车并驾驶它的原因得到了完美的解释。你先是给出最具价值的概括性论述，然后进一步挖掘原因，层层递进，按重要性排列论据。

你会用简单的陈述句或短语分析决策的原因。即便是对最为复杂的元素，你也仅仅使用最基本、最简单的陈述，而不做长篇大论。

太棒了。再试一次。

你为什么居住在这个城市？或者，为什么从事现在的工作？或者，你为什么结婚？为什么离婚？又或者，这周末你打算看哪部电影，为什么？

你不妨多问几个为什么，并用简单句作答，让它们构成价值陈述。它们代表着你心目中的重要信息，你的大脑会将这些信息自然排序，然后创建你的故事。

这就是合理化故事的过程。

这个故事集合了所有最具价值的元素，让你能够理解自己的行动、感受和欲望。如果你刚刚预先安排了假期出游，就会不假思索地用到合理化故事，决定去哪里、住哪里、花销以及出行装备。生活中的所有决策都要用到这样的故事。

这个故事言简意赅，除了必要信息之外没有废话，是向自己传递信息的最清晰、最有效的方式。

当你试图说服某人做某事的时候，他就会用这样的合理化故事做决策。即便你花三个小时详述所有细节，他最终也会仅仅依据一个简单的故事和几个简短的陈述做出决策，用时一定不超过3分钟。

想想你的推介是否建立在听众用以决策的合理化故事之上。

你将在接下来的章节中学到如何基于已有信息为听众搭建合理化

故事。我将教你如何确认提案中最有价值的元素,并将这些元素有效组织成为合理化故事。

> **第一步**
>
> 你在本书中读到的很多信息或练习也许会让你觉得反常。相信我,这是好事。
>
> 你不用多说,却能收获更多。
>
> 乔·肯尼迪(Joe Kennedy)在1929年说过:当擦鞋工在闲聊过程中给他提供股市行情建议的时候,他意识到是时候退出股市了。反众人之道而行之往往是对的。
>
> 在这个充斥着营销和广告的世界,人人似乎都有一副舍我其谁之势,无不想吸引他人的目光。似乎人人都想多说点,说得更好,更大声。而你不用想着竭力去超过他们,实际上可以少出力,巧妙工作。轻声细语照样能让人听到你。

我开始带着这个想法准备所有的电视推介和产品推介——少说多得。这让我更加高效且周密地组织信息,从而带来了惊人的效果。3分钟非常神奇。

随着对本书的深入探索,你将在你的所有推介对象中找到这个模式。你会在所有的推介演说、营销或销售中秉持这个模式,它将改变你向他人传递信息的方式。

过去几年,我一直致力于发展这一模式,努力帮助人们呈现最高水平的推介演说。我收到过来自全国各地的CEO及公司领导的电话,并和优秀人士共事,你将会在接下来的章节中读到他们的故事。向一家资产规模高达几十亿美元的公司老板解释如何简化信息,有时候让人觉得不真实。他们虽然在客户调研和投资人关系上花费了上千万美元,但是在传递信息方面依旧无法言简意赅、四两拨千斤,也就是说做不到"少说多得"。

第二章

关键词

十多年前，我在一家新兴的制片公司负责电视节目开发，挖空心思地寻找创意并设法把它们变成节目、搬上荧屏。我不仅仅要做好节目的一切准备工作，而且要说服电视公司的老板购买节目，出钱制作节目，然后还要在他们的频道播出。

为了让电视公司的老板看到我开发的节目的价值，我每天都像是在参加一场战斗。虽说节目推介演说过程十分紧张，困难重重，但这是我唯一在行的。我经常眼睁睁地看着一个好创意因为电视公司"看不懂"而被埋没。

那时候，一个节目从策划到推介需要大概90天。创意的成形通常只需两三天，但我们随后得花好几周时间准备详细的书面或图像资料，再进行样片的拍摄和编辑，然后定版，最后才能向客户推介。为了在市场上找到买家，每个节目推介平均都会花费3万美元。

平均每十场推介会带来一笔订单，这是电视业的平均水平。

有一个节目改变了我的职业生涯，成就了我的三分钟法则，也让你看到了眼前的这本书。

走极端

那时，我的制作团队在洛杉矶拥挤的会议室里已忙碌了三周，对于如何推介手头的节目争论不休。三个星期过去了，我们还没准备推介稿，没拍销售样片，因为我们不知道从何下手。我们都认为这是个好创意，但就是不知道该如何向别人解释。

倒不是我们突然变傻了，只是我们被太多的想法和信息包围了。

部分问题在于，我们把这个节目设想得太过复杂，其成本太高，我们也从未尝试过类似节目，而且它的制作时间要比一般节目多5倍。

但节目创意真的很棒！

我们团队的6个人都有几十年的电视行业经验，大家对这个创意的前景和市场充满信心。在会议室，我们的想法与所有的元素和谐地融合在一起，汇聚成一部热门节目。当只有我们6个人在场的时候，一切都很完美。

一旦我们把别人带入会议室，现场都会乱作一团。每次会议都会跑偏，陷入混乱，令人一筹莫展。团队成员们逐渐开始分心，热情也在消退，而我在失去他们。我不知道如何让事情有所改观。

当时，我们的公司势头正劲。我们制作了《超级减肥王》（*The Biggest Loser*），这部NBC黄金时段的减肥真人秀节目让我们一举成名。借着它的成功，我们急于推出更多关于减肥的节目。（在好莱坞，如果一部节目火了，肯定会有类似的节目出现。）

我们得抢在别人前面制作出类似的新节目。

我知道这个会议室里会产生下一个热门节目。虽然我心里像明镜一样清楚，可嘴上就是说不明白。

我无比沮丧地深陷在会议室的椅子里，感觉四面的墙壁在不断逼近，内心十分难受。我实在是搞不懂为何会这样。我如果不是加拿大人，那么一定会朝我的助手大喊大叫起来。可我只能压抑着心中的愤懑。大概是我吃了太多冷比萨，睡得太少了。

恰恰在这个时候，我发现了后来的三分钟法则的核心理念，以及我现在所讲授和培训的内容的基本原理。那一刻深深地印在我的记忆中。

难道就是如此简单

先来看看我们为这个节目所做的最早的推介有多么凌乱冗杂。这可不容易，尽管从现在来看，问题一目了然、简单而清楚，但在12年前，我可是煞费苦心。

下面是我尝试之后的结果：下一个减肥真人秀节目的设想包括观看《超级减肥王》的节目录像，寻找那些因为太胖而没能参与《超级减肥王》竞争的胖子，让他们自己努力减肥，而不让他们参与食物诱惑或体能挑战训练等竞争活动。

当他们需要指导时，我们会提供帮助，但决定权在于他们。因为持续的减肥需要时间，所以我们会在他们减肥期间跟踪拍摄。这会花费大量拍摄时间，因此我们会在一个小时的节目中把大段的时间压缩为小片段，以便展现减肥全程。我们不会把所有人聚到一起，因此每个人的故事都是单独展开的。他们彼此不认识，也不会一起训练。节目中不设团队，没有对手，也没人会被投票淘汰。

节目仅仅是从个人角度讲述的单个故事。需要注意的是，如果不是在竞争情况下减肥，他们的减肥速度肯定快不到哪里去，而且这些人又非常胖，身体的变化会更慢。要是用连续几集展现他们的变化，节奏就太慢了，观众会感到无聊，因此每集都会展现一个人的转变故事，之后的每期节目都会集中展现不同的人物。两集节目之间没有关联，观众不需要记住前面的节目内容。

我还在推介稿中用五段话描述了我们是怎么拍摄和编辑节目，以及如何通过轮换人员来节约成本的。我们聘请一名训练师，让他每周前往不同选手的住地。我们还会找一些不出镜的训练师监控选手的训练过程，因为得有人照看他们，否则他们不可能成功减肥。我还需要描述一下这些选手在自己家里的生活方式，他们并不住在大农场或"真人秀房子"里，因此我们还要协调他们的工作和生活，如此才能确保拍摄到一年中的重要节点。

你是不是已经对这个节目不感兴趣，有些迷惑了？很好！现实情况可能比这还糟糕。

在我们模拟推介会议的时候，这样的解释会占用大约18分钟。我觉得自己已经说得面面俱到，传递了所有相关信息，但没人能在那么长时间中一直兴致勃勃，专心地听我说。在大多数情况下，我会被中途打断，回答一些关于节目细节的问题，尽管我原来准备在稍后解释这些内容。

一想到要给电视公司的老板在会议室演示这个节目，我就害怕。

电视公司的演示室是一个冷酷无情的地方，坐在听众席的人都很难对付。尽管会议以微笑开始，但这仅仅持续十秒左右。你如果曾经看过《鲨鱼坦克》，那么会发现评委那种严肃的态度和刻板风格与听推介演说的电视公司的听众如出一辙。如果我无法说服自己公司的员工，那我又怎么能赢得ABC的约翰·萨迪或安德烈娅·王（Andrea Wong）的倾心？

其实，我特别想放弃。以前我就放弃过成百上千个创意。我会在公司内部介绍节目创意，如果员工们"不懂"我的意思，我们就直接跳过。即使别人不同意我的创意或者觉得它销路不行，我也能坦然接受。但这次，他们还没搞懂就妄加评判，着实让我抓狂。

好在我没放弃。心灰意冷的一瞬间，我决定破釜沉舟再试一次。

我返回公司宽敞的会议室，要求团队成员在每张黄色便利贴上分别写一个描述节目的关键词，然后把它们贴到墙上。最后，我们在墙上贴了至少100张贴纸，那面墙看起来好像一面被涂鸦过的大黄旗（见图2-1）。

最胖选手	慢跑	一年	开始时胖
汗水	远程相机	结束时瘦	同情心
变瘦的梦想	挽救生活	训练师	过程艰辛
肥胖	单集	变形	饮食
训练	举重	碳水化合物计算	真实电影

图2-1　团队成员所列减肥节目关键词

第二章 关键词

大家在每张小贴纸上只能写一两个词,否则从房间的另一侧看不清上面的字。贴纸上的词语原本就是用来占位置的。

还有更多……

我们的目的是以人们能够理解的方式按顺序排列这些关键词。不过,我们争论不休,因为每张贴纸上的想法都会让房间里的制作人滔滔不绝地说出更多细节——往往不假思索。结果就是没完没了地兜圈子,止步不前。

我屏蔽了房间内此起彼伏的呼喊,把注意力放到墙上的关键词。虽然这些也都是我想说的话,而且它们多到能将我吞噬,但我必须找到我应该说的。

我开始逐条删减那些和节目核心概念不甚相关的词。最终,对面的墙上只剩下7张调整后的贴纸(见图2-2)。

超重	太胖	一整年	单集
开始时胖	结束时瘦	变形	

图2-2 删减后的减肥节目关键词

这个过程就像是破解了密码或者是发现了谜底。这是我第一次清清楚楚地看到向他人解释这个节目的方法。

我站起身,向门外的助手喊道:"吉米!给我接ABC的约翰·萨迪!"

房间里的所有人都盯着我,一头雾水。

吉米喊着回复我:"接通了。"

我按下话筒按键。

"布兰特,你可以和约翰通话了。"

"嘿,布兰特,有什么事?"

"你好,约翰,我要告诉你一件好事。我忙了好几个月,刚刚搞定一个节目创意。我今天想给你介绍一下,就现在。我能过去吗?"

房间里鸦雀无声,所有人都屏着呼吸。

我从没和一家电视公司的老板这么说过话。我猜他也没接到过这样的见面请求。

"现在太突然了,下周行吗?"他问。

"约翰,我保证不会耽误你超过五分钟。我要讲的东西非常好懂。你这几分钟绝对值得。"

接着,又是沉默。

"等你到了告诉我。我会提醒办公室人员。"

"我半小时之内到。"

电话挂断,一段长时间的沉默后,我们开发部门的负责人问我:"你打算怎么做?你要说什么?我们还没怎么准备呢。"

"我们早就准备好了,而且还想多了。我们一直都那么卖力,其实只需要让他看到我们所看到的东西就行了。"我指着墙上的便利贴。他还是不明白我在说什么,但我知道。

我们已经做了一些关于胖子的合集,他们因为太胖而没能出演《超级减肥王》。我们还做了一张视频光盘,里面有胖子选手气喘吁吁、筋疲力尽地接受初步测试——我们为参加《超级减肥王》的选手专门设计的,但他们都没通过。

第二章 关键词

我们的节目总监把我叫到大厅，询问我是怎么想的。他重申我们没有做好准备，而且那个视频光盘只不过是心血来潮的作品，并不能说明节目的运作方式，甚至无法展现节目的内容。他说："你就打算空手去那儿吗？没有书面稿，没有幻灯片，没有预算案，没有节目大纲，没有节目标志，也没有每集内容梗概。你打算说什么呢？"

我让他相信我。挂掉约翰的电话五分钟后，我开车上了405高速公路，驶向ABC公司。

由于约翰正在参加其他会议，我不得不在接待大厅里等了一个小时。见面后，他透过他的圆眼镜片怀疑地看着我。电视人一般都很健谈，但约翰不同。他话不多，但总是开门见山。他的第一句话就是"给你五分钟"。

我把光盘放在他的桌上，指着它，说了九句话：

- 我找的是因为太胖而不能参加《超级减肥王》的人。
- 我们会跟踪拍摄他们一整年的减肥过程。
- 我们把他们每个人一整年的减肥经历剪辑到一集节目中。
- 他们在节目开始时身材肥胖，在一小时节目结束后减肥成功。
- 我们对所有人同步拍摄，但每个人的减肥故事是单独的一集。
- 这个节目会是有史以来最大的瘦身节目，每周都会播出。
- 如果你今天购买这个节目，那它至少18个月以后才能播出。
- 首播的时候，你可能已经高升。
- 但你可以把这张视频光盘给你的老板，告诉他："我不知道该拿它怎么办，但这很重要，你得先看看。"

这段介绍花了一分钟多一点。

最重要的是，我没向约翰解释节目的具体细节内容。他比我更了解电视制作，我只需直接切入重点。

我站在那里，沉默了一会儿。

约翰伸出手，拿起桌上的光盘，面无表情地看着我。

"你们如何承担一整年跟拍的费用呢？"

"我们轮换人员，在选手家里安装远程摄像头。"

他用手指转动着光盘，我可以看出他的大脑在高速运转。

"如果在一集中呈现一年的减肥情况，他们得减好几百磅吧？"

"每人三百磅甚至更多。"

我可以看出他在拼凑画面。

"你们真能做到吗？"

"可以，我们有完整的制作体系，日程和预算都已经做好了。"

他露出了笑容："很有趣。"

"请你看看视频光盘，然后告诉我你的想法。"在我们交谈还不到十分钟的时候，我一边走出房间，一边回头说道。

一个小时后，我的电话响了。吉米喊道："ABC的约翰·萨迪来电，一号线。"

所有人都飞奔出办公室，挤在我的办公桌前。我按下扬声器。

"嘿，约翰，怎么样？"

"每集不到100万美元可以吗？"

"那得看你买几集了。"我说。

"你说几集？"

第二章 关键词

"10集。"我随口说。

"好的,今天下午就给你们送去合约。别找其他公司了。"

"没问题。"我努力让内心保持平静,控制自己的声音。

"干得好!介绍得很好!再有像这样的好创意,随时告诉我。"

"好的,再见!"我有些激动,声音也变了形。

房间里一阵欢呼,就像喷发的维苏威火山(Vesuvius)和喀拉喀托火山[1](Krakatoa)。

这是我职业生涯的高光时刻,它成就了我们公司。

18个月后,节目以《改头换面:减肥版》为名在ABC首播,成为该公司有史以来评价最高的暑期真人秀节目之一。节目推出了五季,共播出超过50集。我们挽救了无数人的生活,让病态的肥胖人士重拾生活的希望,能够做到他们以前不可能做到的事情,比如接送孩子,护送女儿走进婚姻的殿堂以及其他重要的人生时刻。他们如果没有减掉三百磅,就不可能做到这些事情。

这个节目带来了好几亿美元的收入,催生了50多个国家的不同版本。至今,它仍然是我最为骄傲的电视节目。

这一切都源于一场不到3分钟的节目介绍。我只是说了该说的,而不是我想说的。我让创意主导一切。

墙上的那些便利贴为我指了一条明路。

---

1. 维苏威火山位于意大利南部那不勒斯湾东海岸,是世界著名的火山之一;喀拉喀托火山位于印度尼西亚巽他海峡,是近代喷发最猛烈的一座活火山。——译者注

我做错了什么

在我顿悟之前,我一直非常努力。在之前的几年中,我绞尽脑汁,苦苦思索着电视制作行业的运作规则。我希望能够洞悉一切。我想向人们展示我的渊博知识、我的努力程度和我的聪明才智。

我一直在努力地销售,而不是传递信息。我没有以创意为中心,也没有去讲述故事。

在那场《改头换面:减肥版》的推介演说之后,我的办公室有了巨大的改变。我们浏览了大量便利贴(我应该投资3M公司[1]的)。随着在节目创作过程中涌现出越来越多的想法,我们开始以同样的方式把创意分解为单个单词或短语。这几乎成了我们会议桌前必玩的游戏,团队的所有成员都要给出一个和节目有关的词或短语。当我们填充关键词板时,你会听到大家讨论时发出的各种感叹——"天哪""酷"及"这个不错"等。

效果棒极了。我卖出了更多的电视节目,比以前多得多。

我们推介的节目销售率越来越高,我还能推介越来越多的创意。原本我们需要90天时间为推介活动做准备,现在不到30天就能搞定;我们每个推介项目的平均花费不到1万美元,远远低于3万美元的行业平均花费。

我们的拍摄时长缩短了,编辑减少了,设计任务少了,工作量少

---

1. 3M公司是世界知名的多元化科技创新企业,本书作者团队用的便利贴就出自这家美国公司。——译者注

了，但收获了更多。很快，我在电视节目推介方面积累了良好的口碑。

我迫不及待地想和电视公司的老板坐到会议室里，开始我们振奋人心的推介。

从那天至今，我已经售出了300多个影视项目。这些节目为公司创造了将近10亿美元的收入，让我成了业内出名的节目推手和销售者。

我从未打破过我的三分钟法则。一次都没有。

复盘与练习

现在回看我对《改头换面：减肥版》的介绍，你可以看到简单的关键词是如何帮助我构建整个演讲框架的。

- 我找的是因为太胖而不能参加《超级减肥王》的人。
- 我们会跟踪拍摄他们一整年的减肥过程。
- 我们把他们每个人一整年的减肥经历剪辑到一集节目中。
- 他们在节目开始时身材肥胖，在一小时节目结束后减肥成功。
- 我们对所有人同步拍摄，但每个人的减肥故事是单独的一集。
- 这个节目会是有史以来最大的瘦身节目，每周都会播出。

第一步是把你能想到的所有描述节目的要点列成一个总览表。一旦有了总览表，你就要找出最具价值的要点，然后用简练的陈述句把它们连接起来，让它们抓住听众的注意力并保持整整3分钟不转移。

先问你自己几个简单的问题，回答的时候仅用一两个词。在便利贴或者索引卡上用马克笔写下你的答案。

你是做什么的?
你擅长做什么?

或者:

这是什么?
它好在哪里?

如果你想要提出加薪,你的问题可以是:

你为什么应该加薪?
你的价值在哪里?

你所提出的问题要符合你的条件。你希望对方做什么或买什么?他们为什么应该做这件事或买这件东西?这对他们有何价值?这些问题可以帮助你梳理重要概念及其运作方式和价值。你只需用只言片语写出与你的业务、产品或服务相关的一切信息,不要反复修改,我们很快就会讲到这个问题。

当觉得自己写出了全部要点的时候,你可以去沏杯咖啡或倒杯水。回来之后,再试着补充一些。这里要的是数量(至少30条)。你写得越多,之后整理的时候就会越容易。

你的清单所能包含的信息量将会让你大吃一惊。

我来做个示范。

下面是我的一个客户列出的31个要点。我们会在后面的章节讲到他的故事。

试一试,仅仅通过这些凌乱的词汇和短语,你对这家公司能了解多少。

- 水暖公司。
- 加利福尼亚州伯班克。
- 重新安装管道。
- PEX(交联聚乙烯)管。
- 用水问题。
- 更换管道。
- 仅重铺水管。
- 不大修。
- 小孔。
- 不乱。
- 老房子。
- 每个接头。
- 全国呼叫中心。
- 保留旧管道。
- 新管。
- 独家经销商。
- 柔性塑料。

- 无损伤。
- 投标前工作。
- 整个房子。
- 一天。
- 保障。
- 专家。
- 多单元。
- 单个家庭。
- 修补粉刷。
- 线上日程表。
- 水压。
- 更低成本。
- 清洁人员。
- 可选升级。

即便你从未听说过这家公司，我也敢说你现在非常清楚这家公司是做什么的以及我的客户在推介时应该说什么。做个笔记，在第六章看看你猜得准不准。

这就是简单的力量。想象一下当我们精简这些要点，把它们按顺序排列，用讲故事的形式将它们串联起来之后，会发生什么。

我来教你怎么做。

第三章
用 WHAC 法梳理故事

我的叔叔马克是一位投资银行家。他曾说服我去佛罗里达州参加一场客户募资会议，会上有很多公司通过推介演说寻找投资人。

我坐下后听到的第一个演讲是戴维做的，他在一家位于得克萨斯州名叫太阳资源（Sun Resources）的石油开采和生产公司担任CEO。会场设在一家普通连锁酒店的宴会厅，有50多个人（男士居多）坐在长条桌前，他们面前放着用来做笔记的黄色纸簿。

戴维羞涩地向与会人员打了一声招呼后，就立即开始展示他的幻灯片。他一口气说了20分钟，虽然他说的是英语，但是我仍然不理解他们公司是做什么的，他的目的是什么，以及别人为什么要投资他们公司。他谈到了渗透性、多孔性、除尘器、干气、检波器和伽马测井剖面等。

我的不解并不仅仅是因为他的演讲中充斥着术语，还因为他的讲述方式——他的目的似乎是竭尽所能地向听众灌输信息，也不管这些信息对他们是否重要。

在他讲到10分钟左右时，我已经昏昏欲睡，于是捏了自己一把，发现其他人也都无聊得快哭了。在讲到最后一页的时候，戴维询问大家是否有问题。一段尴尬的长时间沉默后，戴维向所有人致谢，结束了演讲。

马克拍拍我的肩膀，说道："懂我的意思了吧？"

马克见过我帮助人们在非正式的场合做演讲。他特意带我参加这场会议，觉得我可以用推广电视节目的技巧帮助戴维这样的老板提升演讲效果。马克说他曾在几十场演讲中因为无聊而睡着。

之后，马克将我引荐给戴维。当时，戴维正准备在接下来的一天半中进行五场募资演讲。

我又参加了戴维的第二场演讲。过程一模一样，但这次我听得非常专心（一直醒着），在他的演讲中发现了一些有趣内容以及关于他们公司的有价值信息，而且做了一些笔记。

拯救戴维的演讲

要拯救戴维，以免他这两天一无所获，我该从何做起呢？

"如果油价降到每桶32美元，你们真的还能赢利吗？"我问他。

那时油价刚刚跌破每桶40美元，引起业界广泛关注。戴维说"能"，而且很少有石油公司能在油价跌到每桶37美元以下时还能继续进行原油开采活动。

我在纸上写了几句话，交到他手里。

"我希望你在下一场演讲中，先谈谈这个。相信我。"

他看着纸上的话，问道："我是不是应该把它放到第四张幻灯片上，要么在我做完介绍之后？"说着，他准备把纸上的内容输入幻灯片中。

"不，别管幻灯片，就用这几句话开场。"

他又看了看纸上的内容。

"那我试试！"

几个小时之后，面对另一群投资人，戴维用我给他的内容开场："大家好，我是太阳资源公司的戴维。我们公司开发了多个具有完整地质和地球物理验证的油田，因此我们的枯油井数量远低于行业标准，哪怕石油价格跌至每桶32美元，我们也会拥有明显的竞争优势。"

房间里的情况比之前那一场大有改观，听众振作起来了。我会心一笑。

接着，戴维再次看着他的PPT开始照本宣科，消耗着听众的能量。直到17分钟之后（他演讲的总时长为22分钟），他才开始解释他们公司如何在油价跌到每桶32美元时还能继续开采。

尴尬。几个问题后，又是一片沉默。

这场推介结束后，我问戴维能否调整幻灯片。他迟疑了一会儿，同意了。

我抽出几张幻灯片，重新排序，然后重新撰写了开头。

"大家好，我是太阳资源公司的戴维。"在下一场演讲中，他这样开场，"我们公司开发的油田允许我们在油价降到每桶32美元时还能持续运营，获得盈利……我们是这么做的。"

效果好多了。他解释了他们公司如何能够持续钻井。这次，听众都聚精会神。但他一说完这些，就又回归到长达20分钟的幻灯片演示，开始堆积信息。

我们又做了一次调整,到他最后一次演讲的时候,虽然他的演讲时长还是将近17分钟,但他在演讲结束后却收到了30个提问,导致会场工作人员不得不为了下一场演讲而清场。

当天会议结束时,戴维不让我走。他看到了微小改变带来的良好效果,希望我能够帮他彻头彻尾地修改他的演讲。我同意到洛杉矶帮他——感谢我那位在演讲中一直打盹的叔叔,我有了第一个客户。

戴维带了书、幻灯片和活页夹。

我准备了五本便利贴、一个笔记本,还有一个黑色记号笔。

我们以关键词训练开始,很快就在会议室的墙上贴了几十张便利贴(见图3-1),铺满了整面墙。

钻塔	西德州中质原油	布伦特原油	山谷位置
便于生产	构造板块	无财务费用	交通要道
OPEC(欧佩克)	可靠油井	每桶32美元	井口
地质学	明确的租约	每桶37美元	钻头
休斯敦港口	储量丰富	黏度	堵塞率低
油罐车			

图 3-1 针对戴维的演讲提炼的关键词

我们马不停蹄地工作了两天,对所有信息进行了重新安排和编写。虽然我对石油和天然气行业一无所知,但那不重要。

信息、价值和简洁的讲述就像是一门通用的语言，会令人兴奋不已。

我用推介电视节目的方法重新梳理了他的幻灯片。修改后的幻灯片中只保留了最重要的短语，整体上更干净清晰，也更有力量。

- 即使油价跌到每桶32美元，我们也能继续钻井，保持赢利。
- 我们对储量丰富的可靠油井有明确的租约。
- 根据地质学分析，我们的油井堵塞率低，非常有利于生产。
- 我们的位置允许油罐车快速通过休斯敦港口的主要公路。
- 而我们的竞争对手在油价低于每桶37美元时必须停止生产。

接下来，我帮助戴维对他的演讲进行了分解（见图3-2）。戴维曾在雪佛兰公司担任高级副总裁，而且他的公司拥有稳健的财务状况，

图3-2　分解戴维的演讲

能成为惨淡的油气行业里的灯塔。这是他的第一个3分钟演讲。

之后，他讲了一些他们公司的财务细节、股票历史表现以及一些其他成就。当我们结束的时候，他的整个融资演讲（包括美国证券交易委员会免责声明、财务披露和公司前景）用时不到8分钟。

8分钟后，他开始回答听众的问题，而这个环节往常大多是在22分钟之后。人们对自己听到的信息很感兴趣，他们听懂了，也了解到了这些信息的价值。结果显而易见，效果立竿见影。

想象一下，一块又大又笨的木头在雕刻师的雕琢下出落成一只精美的雄鹰，那是多么令人欣喜，但那也无法比拟我现在的感受。

我仍然保留着戴维在第一次推介演说结束三天后发给我的语音邮件。

> 嘿，布兰特。我就是想谢谢你。演讲进行得非常顺利，听众的反应和我们预期的一样好。我拿下了至少三个大单。我几乎快被提问和跟进淹没了。我不知道该怎么说。我以前在演讲的时候总是感觉平平，但这次不一样，我开始期待更多的演讲。我妻子觉得你给我施了魔法。不管怎么说，我想你一定想知道事情的进展。真的是万分感谢。

说实话，如此真挚的感谢让我不知所措。没想到我的建议竟然起到了这么大的作用。那时候，我还没整理出你在本书中将会看到的一系列技巧。我培训的出发点和大多数人对销售、营销以及演讲的理解相去甚远。人们总认为讲得越多越好——你如果有一个小时的时间去说服他人购买或投资某物，那么一般都会说满一个小时。

我知道从那个周末开始,我的人生将展开新的篇章(早知如此,我当时就让戴维用他们公司的股票给我付钱了,因为他们公司的股价现在已经涨了14倍)。如果我在电视行业中总结的简化演说的技巧能在复杂的油气勘探行业起作用,那么它是不是可以被用于任何行业呢?

为了回答这个问题,我开始帮助一些希望提升演讲技能的人。我遇到过营销公司、投资者关系公司、生物科技公司、风投公司,帮助过教师、承包商,还有医生。在不断的学习和实践中,我愈加感受到这个技巧的力量。

经过和越来越多的公司合作,我逐渐明确了一个框架。在每次准备新的演讲或者重构一个推介演说的时候,我都是先做关键词练习,然后将每个关键词分类。我向客户抛出一系列问题,帮助他们筛选信息。我逐一分析他们的所有业务、产品或服务要素,以便重新整合这些碎片化的信息。我对它们抽丝剥茧以回归基本问题的工作做得越细,每个演讲的基础就会越牢固。

这个过程围绕四个特定的问题展开,这四个问题是我们为听众构建合乎情理的故事的基石。我们据此将关键词分为四类。

- 它是什么?(What is it?)
- 它如何运作?(How does it work?)
- 你确定吗?(Are you sure?)
- 你能做到吗?(Can you do it?)

这个过程很简单，但是非常有效。用这四个问题过滤信息后，你可以解锁一个强大的讲故事技巧，让听众跟着你走。

我将这一过程打磨成了一个系统，叫作WHAC分类法。

用WHAC分类法构建故事

你可以使用WHAC分类法对信息排序，之后我们还将用这个方法确定具体演讲内容的重要级别。

现在，你可以一边看着便利贴上那些适用于你的公司或创意的关键词，一边用这四个问题来整理你的笔记，以便筛选和分类信息并确立故事的基本梗概。

- W（它是什么？）：它是否描述了你所推介的产品或服务？它是你所做的事或你所提供的服务吗？
- H（它如何运作？）：它是否解释了你所提供的内容的价值和重要性？它是否解释了你的产品的运作方式以及你达成目标的方式？它是否与过程有关？
- A（你确定吗？）：它是不是支持你的信息的数据和事实？它是否能证明什么？它是否验证或明确了公司及创意的潜力？
- C（你能做到吗？）：它是否可以说明你有能力实现对听众做出的承诺？它是否与你或你的执行力有关？它是不是你的交付方式？它是否与价格有关？

听众在有效整合信息时需要遵循特定的顺序。WHAC法将帮助你建立并坚持那个精心安排的顺序。

在打造理想的3分钟演说时,你需要引导听众梳理你传递的信息并构建一个完整的故事。以这种方式简化信息之后,你就可以在陈述阶段填充信息,让他们对提案的核心价值有所理解。实际上,你肯定希望听众可以像你一样了解你的提案的价值。

许多人在开始时会用事实、数字和逻辑推理向他人解释自己的价值主张,但它们只有在特定情境下才是有效可信的。情境需要理解的基础,而理解的基础依赖于坚实的前提。

若要故事生动有效,你必须先有一个坚实的前提。

听众必须先了解你是做什么的、你提供什么产品或服务以及它的价值。这些内容一定要足够简单,而且必须能独立存在,让听众充分理解概念。

接下来,听众会开始探索信息的情境,因为这与他们的需求相关。在理解了产品或服务的内容和运作方式后,他们就会努力了解其效用——这种产品或服务将怎么帮助他们?

一旦听众将你推介的产品或服务概念化和情境化,他们就会考虑如何让概念落地:如何采取行动?如何促成结果?怎么执行?谁来交付?成本是多少?

下面是3分钟演说的格式。

- 概念化——它是什么?它如何运作?
- 情境化——你确定吗?它真实吗?正确吗?

- 落地——你能做到吗？情况真能按照你所描述的方式发生吗？

这些是进行3分钟演说或提案陈述的三个明确阶段。首先，概念化你的产品（进行解释），然后情境化（给出细节验证），最后是落地（促成买进或退出）。

看一下这些阶段的具体时间分配。

- 前1分30秒：概念化。
- 中间1分钟：情境化。
- 最后30秒：落地。

瞧！这就是三分钟法则。

当你通过WHAC分类再次过滤便利贴上的要点时，你将发现你的信息会自动分组。

概念化

W——它是什么？这是你赢得机会的关键，是你的提案中最有价值且最具说服力的元素，因为听众会因此而看懂你所提供的产品或服务。

H——它如何运作？这是指它的发生方式、你如何抓住那个机会的细节或操作方式。你将用任何能够阐述清楚的东西来证明你的承诺的可能性和有效性，用那些独特的或定义性质的表述来证明你对自家产品、业务或服务的信心。

> **情境化**
>
> A——你确定吗？听众在这个阶段验证你的陈述和承诺。你会在这个阶段用事实、数字和逻辑推理。在了解你的提案和操作方式之后，听众需要一些证据。他们如果可以将你所提供的产品概念化和情境化，就会积极证实你所说的内容。

> **落 地**
>
> C——你能做到吗？在这个阶段，你需要展现实际的执行力或者说将提案转变为成果的能力。这可能依赖你的背景或经验，也可能取决于独特的环境。这个阶段就是要说明你能实现承诺。

这样做的目的是要将所有关键词都归入其中一类。本书后面的章节会展示这个初步练习将如何构成整个演讲的基础。

下面列出了我梳理信息时的一些常用问题。你或许会受这些问题的启发，再次拿起便利贴，添加一些新的关键词。

W——它是什么？

- 是什么让你与众不同？
- 什么是你能做但别人不能做的事情？
- 你的产品能够满足的最大需求是什么？
- 你的方法是否有巨大的资金优势？

- 它可以解决什么问题?
- 它对谁最有益处?
- 为什么要现在做?
- 购买你的产品后会有什么不同?
- 这将填补什么样的市场空白?
- 做好了有什么价值?
- 它为什么风险低?
- 什么会影响你的竞争力?
- 他人能否复制?
- 它实施起来有多容易?

H——它如何运作?

- 它的运作前提是什么?
- 你如何兑现诺言?
- 你要花多长时间?
- 变化是循序渐进还是立竿见影的?
- 有多少人有这个问题?
- 为什么其他人没有使用这种方法?
- 实际上是谁在提供服务?
- 有没有必须严格遵循的流程?
- 过去是否有成功的经验?
- 能否走捷径?

- 它的安全性如何？
- 有什么你们独家知道的运作方式？
- 为什么没有其他可用的方法？
- 为什么你会选择这种方法而不是其他方法？
- 客户会因此节省多少钱？
- 为什么你的办法是唯一可行的？

A——你确定吗？

- 你说的哪些话可能会遭到质疑？
- 是否有第三方验证过你的话？
- 如何复制这种积极的结果？
- 你如何知道他人需要你的产品？
- 是否有历史记录可以证实？
- 你现在如何交付服务？
- 你做何评价？
- 这个市场有多大价值？
- 在这方面有过成功经验吗？
- 是什么让你确定自己是对的？
- 你怎么知道结果是好的？
- 如何证明你说的不是"花言巧语"？
- 是否有人因此赔过钱？
- 相关信息是否被公开过？

- 有让你觉得意外的支持者吗？
- 你的竞争对手为什么不如你？

C——你能做到吗？

- 你做过哪些类似的事情？
- 为什么某些规定不适用？
- 为什么没有受限制？
- 你过去的某些经验是否会毁了它？
- 其他人为何没能做成这样的事情？
- 你为此进行了怎样的培训？
- 在交付之前还需要采取其他步骤吗？
- 是否有附加条款？
- 是否还有其他第三方参与其中？
- 哪些成功经验能帮助你顺利开展这个项目？
- 你现在能掌控它吗？
- 如果别人改变了主意，那么你会怎么做？
- 你是否有必要的社会关系？
- 有更合适的项目实施人选吗？
- 表现不佳的后果是什么？
- 如果产品或服务出了问题，那么用户应该和谁联系？
- 你过去是如何处理问题的？

在浏览了所有关键词并进行分类之后，你就可以将它们分组归到WHAC的四个类别之下。请明确区分不同类别的要点和关键词，因为它们是构成故事和你3分钟推介的四大基石。

在下一章中，我们将拓展这些便利贴上的笔记并创建价值陈述。然后，我们将看看如何"拓展"（string out，娱乐业对按照基本顺序排列一系列场景的叫法）并添加一些关键故事元素，从而将你的推介构成一个连贯的演说。

你或许还没发现，在进行WHAC分类的过程中，你不得不解释每个要点。你可能已经意识到，在考虑并解释每个要点的时候，你使用了合理化故事。或许你从未如此简化过信息。不过没关系，在下一章中，我们将会进行实际操作。

第四章

价值陈述

我在演讲生涯早期曾被邀请参加过一个名为NobleCon的会议，为小型上市公司的CEO讲述如何做推介演说或演示。马克叔叔是这个会议的组织者。在我的讲座结束后，马克叔叔将我引荐给不同的参会者。在马克叔叔介绍我的时候，我注意到旁边有个人盯着自己的笔记本电脑，不停地拍打着桌子，还不断低声抱怨着。

"该死！"那人又发出一声抱怨。每隔几分钟，他就猛烈地敲击着键盘，气呼呼地说着些什么。最终，马克走过去和他说话。

"布兰特，我希望你能见见GTK医疗公司（GTK Therapeutics）的彼得。"马克一边说着一边把我带到这个满脸郁闷的人身边。彼得是一家上市生物科技公司的CEO。我们相互问候之后，马克笑着问道："彼得，你觉得布兰特的讲座怎么样？"

彼得的回答中带着一丝自嘲："我觉得他的讲座棒极了。可是，我得重做我的演示文件了。你不让做的那些，正是我一直都在做的。"

"哦，不！"我快速瞥了一眼他的电脑屏幕，他正忙着删除他幻灯片上的文本。"懂我意思了吗？"他边用鼠标翻动着满是文本、图标和关键词的幻灯片，边问我。

"我猜你这是把讲义都转化成PPT了，对吗？"我问道。他无奈地笑了笑，继续开始删除文本，重新输入。

"你总共做了多少页幻灯片？"我问。

"39页。"

我哭笑不得，但强忍着没有表现出来。

"你什么时候开始演讲？"

"不到一个小时之后，我要搞砸了。"

天哪。

我浏览了几页他的幻灯片，心想"他真的要搞砸了"。

不过，问题不在他的PPT上，那不过是一个更大的问题的表象（不过，我会在第十三章解决如何正确使用幻灯片的问题）。

修改彼得的PPT

我问他："你带名片了吗？"

"当然。"他说话之间给了我一张名片。我还记得当时他脸上的失望之情，他可能以为我只是要一张名片，准备回头联系他。

"不，"我说，"你有一摞名片吗？"

他在电脑包里翻了翻，拿出一摞名片。我取了大概12张，把它们背面朝上放在桌上，然后拿起笔。

"好，咱们开始吧。先给我说几个能够描述你们公司的词或短语。"

他很快说出了一堆词，我把它们一一写下来。他又把他的妻子南希叫过来，她又补充了好几条（见图4-1）。

生物技术 18年开发	毒品 治疗 病原	纤维 临床 伙伴
患者 肝病 免疫治疗	碳水化合物 半乳凝素蛋白 皮肤	80%成功率 现金储备
FDA试验 癌症 实验室	试验 发现	

图4-1 彼得夫妇罗列的描述其业务的关键词

彼得目不转睛地看着我，说道："我们公司太复杂了，要解释清楚需要很长时间，而且我们的业务根本不是3分钟就能解释清楚的。要解释的东西太多了。"其实，所有人在第一次见到我时都会这么说。

听到这种话的时候，我通常这么回答："不，其实不复杂。信息很简单，是你把信息复杂化了。"

可是这次，我看着这些名片，上面的单词我甚至都没见过，我心想："该死，这可真复杂。"

但我得硬着头皮帮助彼得。

"好，"我说，"现在用词语给我说说你们擅长的事情。是什么让你们公司比其他公司更有价值或更有趣？"

不到几分钟，彼得和南希就说出了下面的信息（见图4-2）。

第四章 价值陈述

领导 现代 伙伴	成功 生活质量 大体时间	资源 机会 背景
顶级科学家 迹象	关键调解人 需求 快速增长	

图4-2 彼得夫妇描述其擅长事情的关键词

在回答我提出的WHAC问题时，彼得一一向我解释了每张名片上的词。对于像我这样的非专业人士，他不得不把几乎所有的关键词都解释一遍，这样我才能了解它们的意义和相关性。

我将卡片分为四组，每一张都对应着一个我听到的相应句子。最后，我终于明白他的公司的业务和优势了——价值开始显现。

这个时候，距离他演讲开始还剩不到30分钟。我们得加快速度了。

之后，我们迅速修改了每张幻灯片上的内容，并且调整了顺序。我们删除了长篇累牍的内容，取而代之的是一些关键词或他之前向我解释时使用的简单短语。

例如，一张幻灯片上原来有100多个单词。现在变成了这样：

- 18年开发过程。
- 免疫治疗。
- 半乳凝素蛋白抑制剂。
- 临床试验。

- 80%成功率。
- FDA（美国食品药品监督管理局）批准中。

六个关键词或短语，十几个英语单词。

我们用这个方法梳理了所有的幻灯片，进行了反复推敲。我们还预演了一次，感觉改善了不少。

距离演讲开始还有两分钟的时候，彼得上传了他的新幻灯片，准备上台。

我快速回到座位，期待着他的表现，也期待着自己的理论在现场得到检验。

但结果糟糕透了，一塌糊涂。

彼得每说一句就停顿一会儿，对下一页幻灯片的内容毫无概念。他满头大汗，在台上饱受煎熬，我看着都难受。

讲了大概五分钟后，他停下来又重新开始，基本上就是读出屏幕上的每个字，然后再一一解释。我都替他难受，好想上去给他一个拥抱。

你如果上过高尔夫球课，就一定知道这种感觉。当教练在跟前讲解的时候，你的挥杆动作完美无缺，但一旦上了球场，你的脑海里就出现了各种新情况，让你连确保安全的笔直击球都做不到。

这就是彼得当时的情况。我在他的大脑里塞满了简化后的概念，他完全蒙了。其实，所有的信息都在那儿，虽然只是关于提案的最简单要素，以及关于他们公司优势的基本描述。可是，他就是无法把这些信息串联起来。

当他终于讲完最后一页并让听众自由提问时，我想第一个问题（如果有人提问的话）一定是"这个人出了这么多汗，怎么还能站住？"。

结果却出乎意料，提问此起彼伏。每个人都有问题。这时候，彼得就如鱼得水了。投资者询问了项目的具体细节，问到要约问题。他们的问题都是出于兴趣。

彼得自己并不满意。他为自己演讲时的窘迫懊恼不已，以至都没有看到他的演讲的实际效果。我问他以前在演讲结束后是否收到过听众的这种反馈，他说根本没有。他对自己的个人表现感到不满，因此并没有意识到即便他在台上的表现不好，他的信息却得到了很好的传递并收获了积极的反馈。

结果显而易见。

故事胜过形式

大多数你看到的关于有效进行推介演说的建议都关注如何展示，如何当众演讲以及如何克服紧张心理。其实，这些都不重要。不论你在演讲时自信与否，不论你是否在演讲中反复提及客户的名字，也不论你的领带是蓝的还是红的，听众想要的是信息。故事胜过形式。

重要的事情再说一遍：故事胜过形式。永远如此。

这也是三分钟法则和WHAC分类法行之有效的原因。人们想知道你提供的是什么产品或服务、它的操作方式、它的优势以及它的获取方式。如果你能快速简洁地传递这些信息，那么听众将关注你和你传递的信息并进一步咨询。

简单就是力量。我常开玩笑说："越简单越性感。"

没人想听"花言巧语"。大家都太忙了,都希望听到开门见山的相关信息。

最重要的一步是把你认为需要说的内容简化为最直接的信息。要想简要、清晰、准确地在3分钟内传递产品的价值信息,要从下面这个基本问题开始:

如何将你认为需要说的内容压缩为实际需要的信息?

你要说得少些……收获多些。这样的话,不论在什么时候,面对任何人,针对任何产品,你的演讲或推介都能事半功倍。

请你放弃你之前对语言、话术、措辞和技巧的所有成见,仅仅关注信息的价值以及向听众有效传递信息的过程。

在和新客户合作时,我最喜欢的一个瞬间就是在把写着关键词的便利贴贴满墙面之后,向后退一大步,让大家将所有信息尽收眼底。我的所有客户都会在这个时候露出笑容,无一例外。当他们所要传递的信息简单、清晰且一目了然地呈现出来时,我的满足感油然而生。

你如果已经将第二章和第三章中整理的要点贴在墙上,那么肯定有同感。

感觉良好是因为你在大脑里对这些关键词所代表的信息进行了完美的解释。我们将信息简化为关键词的过程迫使你以最简单的形式将每个想法合理化。

现在,我们把这一过程颠倒一下,将那些关键词再转换为简单的

第四章 价值陈述

完整陈述。

再次看着你列出的所有关键词，大声说出与它们相关的细节。解释你写下每个关键词的原因，以及你为什么将它们归到不同的WHAC类别中。我打赌，你的解释一定简练又清晰。

此时，你要按照你在WHAC分类环节向自己解释时那样做。什么是最简单的描述？

这些简化的陈述句就是价值陈述。

下面是一些关键词的价值陈述。

- 个人培训师，将其改为：我是一名认证培训师。
- 前运动员，将其改为：我曾是半职业网球运动员。
- 重复率低，将其改为：重复率低提升强度。
- 休息期，将其改为：短暂的休息期提升心率。
- 明星客户，将其改为：我为出演运动角色的演员提供培训。

这是不是太简单了？很好。

你是否以为太简单就可以直接跳过？错！这和生活中的其他事情一样。你如果将它分解为最简单的形式并做好准备，夯实基础，就能以最吸引人的方式陈述创意或想法。不论是推介一个创意、筹集资金、在家长教师协会的会议上说服家长、申请升职或公司营销活动，还是获得董事会认可，你都需要先有一个清晰明确的价值基础。所以，请相信我，写出简单的句子。

在进行这个练习的时候，你会感到脑海中逐渐形成了一个故事。

一定要简洁！你对这些信息是如此熟悉，以至你会发现自己不经意间就用了你所熟悉的术语和表达。本章的练习就是为了帮助你摆脱以前所依赖的冗杂词汇。你需要逼自己想得简单点。现在的工作就是夯实基础。对于其他一些花里胡哨的修饰，我们稍后再讲。

你写完价值陈述了吗？

你可能发现原本的30个关键词变成了40多个句子。很好。简单的要点通常会产生一些你之前没想到或者无意间跳过的想法。这个先简化再充实信息的过程为你打开了思路，让你想出了新观点和新的价值陈述。最精彩的3分钟演讲就在这40多条陈述里。

现在，我们只需要考虑先说什么，后说什么，然后把它们串起来，让听众可以像你一样懂得你的演讲。

那很容易。

第五章
故事之外的那些事

你可能正看着40多条价值陈述，心想："这就是3分钟推介演说了吧？"我经常这么以为。

不过，请记住，3分钟推介演说并不仅仅是把演讲内容压缩到3分钟之内，而是呈现出最为精彩的3分钟。如果你演说的前3分钟让听众兴致盎然，有意愿做进一步了解，你就有机会逐一解释你的价值陈述。

不过，你可能还没想好。实际上，我敢打赌，除了那40多条陈述，你还能挖掘出很多关于你的业务和产品的亮点。

我在上一章说过会把你的陈述串联到一起，但根据我的经验，我们接下来应该挖掘一下被你忽略的一些极具价值的要素。

你对手头的信息了如指掌，以至你坚信自己给出了最简单的版本，认为自己已经发现了核心价值。你眼前的陈述很可能被用过无数次，你太熟悉它们了。

我有一个好办法帮你更进一步发现一些新东西，它们正等着你去开发。

"我没听懂"

毫不夸张地说,在迈克尔讲到17分钟的时候我关掉了话筒,转向四周,问道:"有人知道他在说什么吗?"我的6位主管一片茫然地摇摇头,都说不知道。

迈克尔运营一家IR(投资者关系)公司,帮助上市公司发布和管理信息,并代表这些公司与它们的股东和公众沟通。

迈克尔听了一次我的演说,恳求我帮帮他。我当时很忙,但告诉他可以通过电话会议给他30分钟时间,听听他的故事和推介演说,不过不能保证什么。

当我的助手提醒我该和迈克尔进行电话连线时,我正和我的电视执行团队在会议室开头脑风暴会议。

"各位想不想听听电视圈之外的推介演说是什么样的?"

接着,所有人聚到了话筒前。

迈克尔开始通过远程显示器展示他的幻灯片,然后开始了他的演讲。

漫长的17分钟过去了。

我实在忍不住,打断了他:"迈克尔,等一下。我不得不告诉你,我没听懂。"

"不好意思,你没听懂哪个地方?"

"差不多都不懂。我不太明白你们是做什么的,真的。"

迈克尔无言以对。

"这样吧,你重新开始,如果有不明白的地方,我就打断你。"

我告诉我的团队成员在迈克尔的演讲不合理或者他们听不懂的时候举手示意。

迈克尔重新开始了演讲。

他刚说了四句，我的一位经理举起了手。

"我没听懂。"她脱口而出。

"哦，好吧，我的意思是……"迈克尔对刚才所讲的稍做解释。

"继续。"

在迈克尔又说了两句后，又有人说"我没听懂"。接着，他又停下来，进行了一番解释。

我很快发现，迈克尔的解释远比他的推介和幻灯片有趣，而且更清楚。

我关了话筒，让团队中的一个人站到白板前，像我们讨论电视节目那样写下价值陈述和要点。

每当迈克尔说一句话或展示一页幻灯片，我就说"我没听懂"，之后他会给出一个连贯的解释。我不断提出"我不懂"。

他每说一句，我都会打断他："我真的没听懂，请解释一下。"这么做好像有点荒唐，但在这个过程中，我们发现了那些成就迈克尔公司的重要元素。

当我们告诉他我没听懂的时候，迈克尔被迫解释每个元素。我们提出的每个问题都迫使他层层简化，直到触及最为核心的信息。

例如，他会说："我们雇用大批自由记者来处理信息发布日程表，并最大化信息到达率。"

"我不懂。"

"大多数IR公司只是按照固定的日程表公布信息,希望能被关注到。"

"我不懂。"

"上市公司频繁发布信息,比如一周三次。这些信息被发出后,这些公司希望有人能够写一篇相应的报道。"

"我不懂。"

"新闻通稿通常很空洞,因为它们非常实际,而且媒体报道和宣传的内容有严格的规定。"

"我还是不懂。"

"如果有记者按照实际情况为你的公司写了一篇有趣的故事,那个故事一般都不会被新闻媒体选中或发表。"

"我不懂。你们怎么做呢?"

"我们雇用上千位自由记者,他们根据客户的新闻稿进行写作。"

"那你们就有了文章。写那些文章做什么?我不太懂。"

"那些文章会进入我们的新闻资源网络。我们拥有新闻社和网站。我们和世界上所有的知名新闻机构都有合作。"

"我不懂。它们和别的新闻报道有什么不同?"

"这意味着只要我们的客户发布一条关于他们公司的信息,就会被报道并发表出来。"

"我不懂,这重要吗?"

"现在投资者都通过网上搜到的研究和故事来评价一个公司的股票。人们的评价很重要,它会给投资者带来第一印象。"

"我不懂。每个IR公司不都是这么做的吗?"

"没有IR公司能做到！所以说，我们是媒体和信息专家！"

"我现在懂了。"

在我们结束时，迈克尔已经快虚脱了。我觉得迈克尔知道我这么做是出于专业操练而非无知（希望如此）。看着眼前那块写满清晰价值陈述的白板，我已了解他们公司的业务、背后的操作方式以及价值所在。

"你觉得怎么样？"他问道。

"我都清楚了。坐飞机来吧，我来帮你做一个新的推介方案。你的东西很好。"

迈克尔在接下来的那周来了。不到一个下午，我们就整理出了新的推介演说方案。

迈克尔通过远程演示幻灯片向上市公司进行电话推介演说，让对方按月聘请他的公司。这些上市公司都有其他的IR公司帮他们处理外部沟通事务，所以迈克尔得说服他们更换IR公司。

两周之后，迈克尔打来了电话。

"以前我每个月做10场推介演说，每3个月成交1个新客户。虽然那足够维系公司的运营，但在过去的两周里，我进行了5场推介演说，开发了3个新客户！"

迈克尔欣喜若狂。终于，人们理解了他们公司的业务，看到了他们的不同之处。这些不同让他们公司在行业内鹤立鸡群，赢得了非常多的订单。

我后来想，要是早知道迈克尔能以每月25 000美元的价格签下3家新客户，我当时应该收费再高一点。

第五章 故事之外的那些事

当然,这件事给我的真正领悟是,只要你逼着自己解释产品或服务及其核心价值,你就会发现被遗漏的东西。

在电视节目开发会议上,我也开始用简单的"我不懂"问题向公司的管理人员刨根问底。这个做法帮我们梳理了信息,迫使我们想出更为简单清晰的表达。

"我们将找到全国最腐败的承包商,揭发他们。"
"为什么这么做?"
"因为人人都遇到过黑心承包商。"
"那么,这意味着什么?"
"这意味着如果我们抓住他们,将他们绳之以法,就能大快人心。"
"我不懂。你们怎么做呢?"
"我们会像《抓住怪大叔》(*To Catch a Predator*)那样,设下圈套。"

再来一个例子:

"超重的厨师,竭力要减肥。"
"这有什么特别的?"
"大鱼大肉是厨师的家常便饭,因此他们都很胖。"
"具体有什么不同?"
"节目既是厨艺比赛,也是减肥比赛。"
"我不懂。这些内容怎么联系起来?"
"他们得吃自己做的食物,还得减肥。"

"这又如何？"

"这样他们就必须为了减肥而学着烹饪健康的食物。"

"怎么做呢？"

"他们必须做出美食赢得厨艺大赛，但同时还要把食物做得健康，易于减肥。"

据此开发的第一个节目《抓住承包商》(Catch a Contractor) 已经大获成功；第二个节目正要交付给电视公司，当你读到这里的时候，它可能已经开播了。希望如此。

没有愚蠢的问题

简单的"我不懂"问题会让你绞尽脑汁，反思你的提案。你如果够认真、够投入，就能全面细致地了解你的推介演说的方方面面。

每当我新接到一个私人客户的时候，我会先花两三个小时，问一些关于他们公司的愚蠢问题。这个过程很累，但是会拨开层层迷雾。你如果就"我不懂""这个为什么重要？"之类的问题一直问下去，就会从中发现一些不同。

我和一家制药公司的CEO在进行这一环节时几乎吵了起来。我猜这家市值几十亿美元的公司的CEO，从没想过会被逼着一次又一次地回答这样的问题。

盘问你自己。在开始准备推介演说之前，以及在决定哪个陈述更重要之前，你需要先严肃地反复问自己诸如此类的问题。

这可不容易。前几个问题可能还好说，你已经心里有数了。难的是后几个问题，因为你暂时不知道如何完美回应。

举个例子，假设你在俄亥俄州阿克伦城开了一家五金店。如果你问："为什么人们要从我这里买工具而不去网购或从家得宝（Home Depot）买？"你会回答："因为我们的店铺就在当地。"然后再问："这重要吗？"如果你回答"因为肥水不流外人田"，那就继续提问："人们为什么要在乎这个？""因为……"

你如果在盘问的过程中陷入死胡同，开始言不由衷，那就回到上一个问题，换个答案。

例如，"为什么别人要从我这里购买而不是去网购？"的答案可以变成"人们想先体验产品"。

"这会有什么不同呢？"

"价格很接近啊。"

"这又怎么样？"

"因为顾客更愿意立刻使用，而不想在网购时先支付运费，再等快递送到。"

继续提问，继续逼自己一把。这个挖掘工作很重要。

这是不是很有趣呢？起初你面对的是30个关键词，后来把它们拓展成40多条价值陈述，现在经过自我提问，信息更多了。也许你现在正面对着60多条陈述。

在通过盘问进行信息挖掘的过程中，我的所有客户都挖出了更多闪光的"金子"。总有一些有价值的信息涌现出来。

你面前的有用信息越多，你的3分钟演说就会越有说服力。现在，我将告诉你如何从你面前的这些信息中筛选出构成3分钟演说的25条陈述（这次是动真格的）。这个筛选将帮你确定哪些内容是信息类的，哪些内容是要约性的。有一个非常重要的规则：你必须先把信息告诉听众，否则不可能有人提出要约。他们必须在情境化之前概念化，在落地之前情境化。

现在我们来找点乐趣。

编写一句话简介

通过对"我不懂"这类问题的挖掘，你所掌握的答案都得到了简化。现在，你可以用一句话或一个词来描述你的产品或服务的价值。传媒和娱乐行业称之为一句话简介。

以我们公司制作的最热门节目《超级减肥王》为例。电视公司总裁在"超级碗"派对上决定买下它，吸引他的就是一句话简介："超重选手比谁减得多，胜利者就是减肥王。"

一句话简介很符合推特原来设定的140个字节限制。你能否把你的想法用推特版的表达陈述出来？尽量用简练的140个字节表达清楚（虽然推特现在允许推送280个字节）。

你呈现出来的将是必须说而不是你想说的信息。

你能写出一条像《超级减肥王》的宣传语那样简明扼要的一句话简介吗？

别想着一蹴而就。我曾经让客户花好几天时间斟酌一句话简介。你还可以在接下来的章节中不断完善你的一句话简介。

第六章

信息和要约

"心有疑虑时不购物"是罗伯特·B. 西奥迪尼（Robert B. Cialdini）1994年出版的图书《影响力》（*Influence: The Psychology of Persuasion*）中的著名概念。当你对一个繁杂的流程加以简化后，那些感到迷惑的人就不再迷惑，那些秒懂你的人则会更加坚定自己的想法。

演说中最大的错误无疑是将信息和要约混为一谈。这个错误会让推介演说的效果大打折扣。

3分钟推介演说的目标首先是提供信息，然后才是要约。

请把你的演说想象成一个拼图游戏。你已经有了全部的拼图碎块，现在需要把它们拼接成一幅完整的图画。

我们继续拼图的比喻：

按照你以前玩拼图的经验，我们要做的第一件事肯定是把所有的拼图碎块都倒在桌子上。清空包装盒，确保所有的拼图碎块都在桌上。你大概猜到了，这些碎块代表你的价值陈述。下一步就是将这些拼图碎块分类，找到边缘和角落的碎片（除非你要另辟蹊径）。你一旦将这些碎块分出类来，拼图的框架就有了，然后就该填充中间的部分，即拼图的核心。瞧！拼图很快完成了。

我们接下来就要做这件事——把你的价值陈述分为边缘碎块和中间碎块。我把它们叫作要约斗（engagement bucket）和信息斗（information bucket）。

还记得在第二章最后我的客户列出的要点吗？我当时让你猜测他是做什么的。下面是他的故事，看看你猜得对不对。

补救水暖公司的推介演说

杰夫是我小儿子的同学的父亲。

我们每年在学校活动中见三次面。有一次，我预订了一场为期五天的直升机滑雪探险，但一个同伴在出发前爽约，我的妻子提醒我"我记得金德的丈夫杰夫经常滑雪"。于是，在两周后，我和杰夫一起搭乘巴士，开始了三个小时的车程，驶向不列颠哥伦比亚省的野外。

我和杰夫在巴士上坐在一起，汽车一发动，我们就聊了起来。

我知道杰夫的工作和水暖有关，但不确定具体是什么工作。于是，我问他是做什么的。

"嗯，你大概以为我开了一家水暖公司，不过我们并不是一家水暖公司，而更像是一家与管道铺设相关的服务公司，业务主要是重新铺设家里的水暖设施。"他说。

"我不懂，这是什么意思？"

杰夫开始谈论铜管、PEX管，然后是水暖承包商和他的呼叫中心，以及他的销售人员如何投标，他如何与水暖承包商签约，他还说到他的承包商必须经过认证，按照他的要求铺设水管……公交车的轮子转啊转，杰夫说啊说……

车程漫长，对于我的简单提问，杰夫似乎能一直讲到我们到达目的地为止。

杰夫的水暖业务做得风生水起，赫赫有名。但他一直讲述的是限制他们公司发展的"瓶颈"。

杰夫的语气中透露着我所熟悉的沮丧。他了解自己的业务，清楚公司的价值。当他努力解释公司业务的时候，我可以看出他脸上明显的迫切感。这种感觉很常见。他自己很清楚公司的核心价值和产品，但人们似乎总是"搞不明白"。

杰夫公司的业务由很多方面构成，但他好像不能简单明了地讲出来。他在解释时要么一直更正，要么一直用"但我们也""哦，但我们有一种修理方式""我们也能做那个""除了我们，没人做这个"来解释不同的要素。

他觉得重要的信息很多，不知道该说什么、什么时候说以及按照什么顺序说。他的讲述明显混杂了太多信息，没有丝毫的条理。他的解释一团糟。

不过，他所讲的一切也不是没有亮点。在旅途中，我发出好几次感叹："啊，那是一个很棒的商业模式。"只不过杰夫的解释过于详尽，让人迷惑，我可以轻易看出他为什么难以让人产生兴趣。我只能假设原因在于他的大多数客户都没和他一起乘坐三个小时的大巴。

杰夫中途突然提起："听我太太说，你帮人们推介想法。你能否给我些建议？"

我当时对杰夫还不够了解，不确定他是不是认真的。更重要的是，我对他的了解还不够深，不知道他是否能接受真话。

"你们公司的业务很多，有些情况很特别。让我好好研究一下，看看有什么好主意。"

那天晚上，我对着笔记本电脑浏览着杰夫公司的网站和营销材料。他们的广告虽然简短，但缺乏有价值的信息；网站上堆砌着烦琐的细节，完全看不出公司真正的价值所在。

我很快把他们公司的关键信息列成了20多个要点，然后用WHAC法进行了分类。这些信息现在看起来好多了，也清晰了。之后，我又拓展了每条要点。

- "水暖公司"变为"我们是一家全国性的水暖公司"。
- "不大修"变为"我们的专业是重铺家用水暖管道"。
- "不大修"变为"水管重铺解决大多数用水问题"。
- "不大修"变为"我们维修并修补管道孔洞"。
- "不大修"变为"我们承担重大翻新工程，但从小处着手"。

如此种种。

我在6页纸上写了大概30句话。有了这些价值陈述，杰夫的故事就有了生机。

第二天，在我们上山之前，我告诉杰夫："我要给你看点东西，一定会让你耳目一新。"带着期待，我们登上雪坡。

杰夫的情况很常见：有想法，有意思，有价值，却没能以浅显易懂的方式传递信息。

你可能有过相似的经历：对自己公司业务的价值、核心以及独特之处了然于心，却不知道如何解释，不知道如何安排信息，如何让所有人都一清二楚。

那天晚饭后，我对杰夫说："我花了很长时间浏览你们公司的业务信息和优势。我想给你看看我的收获。"

参加这个5天短途旅行的还有其他的滑雪队，我叫了另一个队伍中的一个人，让杰夫给他讲讲他们公司的业务和优势。

那个人过来之后，杰夫开始讲述他在重铺管道方面的经验，然后又讲了一堆事实和陈述。他没有长篇大论，也没有用复杂的术语，但是他讲的内容杂乱无章，一片散沙，缺乏黏性和故事性。

我们的这位新朋友坐在桌前，出于礼貌，表现出感兴趣的样子。他客套地寒暄了几句，然后与杰夫的对话就完全偏离了主题。

"看我的。"我告诉杰夫。

我叫来了我们当天认识的另一个队友凯莉，说道："凯莉，我刚发现杰夫的工作特别有趣。我想听听你的想法。杰夫的公司重新铺设水暖管道。他们重铺整个屋子，包括每个固定装置。你想知道其中意想不到的地方吗？他们在重铺管道的时候，可以让旧水管原封不动。"

"哦，真的吗？他们怎么做到的？"凯莉颇有兴趣。

"他们使用新型的柔性塑料管，将它们紧贴墙面，绕过墙壁，再用接头相连，照这样为整个房子铺设新的管道。"

"哦，那真的很妙，原来还能这样。"

"你想知道最棒的地方吗？"我继续说道，"他们在墙上和天花板上打些小孔，将这些塑料管穿过墙面，不需要拆开任何东西。"

"什么？"凯莉说，"你在开玩笑吧。他们不弄开石膏板就能进入墙壁后面？"

"不。实际上，他们能在一天之内就完成整个房子的管道铺设，修补所有小孔，而不造成混乱和损坏。你甚至感觉不到他们的出现。他们把一直以来人们所认为的大工程变成了小型装修。你足不出户，他们就能帮你解决问题。杰夫说他之前为一家酒店进行整体改造，而施工那天酒店还能照常营业呢。他们的团队每天进入不同的客房，而客人却对此浑然不知。他们甚至在大厅穿着普通的便装，根本看不出他们是建筑工人。"

"真是不可思议。"凯莉问道，"他们是怎么把新塑料管和旧的装置连接起来的？"

"杰夫，你怎么做到的？"我笑着示意杰夫"接盘"。

杰夫接着回答这个问题，而他的回答又引出更多的问题，引发了人们更大的兴趣。现在我们的气氛更活跃了，很快，另一批滑雪队员也围了过来，他们想知道我们在谈什么。

凯莉兴奋地告诉新加入的人们："杰夫经营一家水暖公司。他们把柔软的塑料管穿过墙壁上的小孔，就能在一天之内给整个房子铺上管道。他们将旧管道留在原处，只用新管道。"

"那太好了！"人们感叹道，"塑料管和铜管一样硬吗？"

杰夫回答了这个问题后，又开始新的一问一答。在接下来的30分钟里，杰夫回答问题，谈论他的公司及其运作方式。最多的时候，有15个人聚集在他周围听他讲。

人们散去之后，杰夫惊讶地问我："你是怎么在这么短的时间内做到的？"

我告诉他，他的大部分（即使不是全部）问题都是因为没有理清信息的顺序，他只需要给听众提供一个路线图。

我向他解释了听众如何对信息进行概念化和情境化，如何落地，以及为何要按照这个顺序向听众提供信息。

关键是从杰夫对公司业务的陈述中找出哪些是信息性的，哪些是要约性的。

只要我能把基本的概念告诉他的听众，让他们感兴趣并了解其操作方式，所有其他的关于公司业务和运作方式的细节就都会变成要约点。

在那次活动中，共有32名其他滑雪爱好者和我们住在一家旅馆。旅程结束时，他们都听了杰夫的演说，杰夫也亲身感受到听众如何迅速地理解他的信息。至少还有其他12个公司老板和企业家看到我们在那里反复分析整合信息。在旅程结束的时候，我还帮助了一家文具公司、一家运输物流公司、一家房屋定制公司、一名临床治疗师、一位直升机滑雪场经营者、一位物业经理和房地产经纪人。我喜欢这个过程。我不会忘记和一名荷兰理财师在桑拿房中赤身裸体分析他们公司的价值和独特元素的特别经历。

这对我来说是一个重要的练习机会，因为我注意到，我向杰夫和其他人提出的问题,与我向市值20亿美元的上市公司的客户提出的问题是一样的:你们有何独特之处? 公司最有价值之处是什么? 虽然具体的表达不尽相同,但是信息的模式和流动总是相同的。我们用WHAC分类法对信息分门别类,剖析所有陈述,用信息斗或要约斗筛选信息,然后形成故事。

前前后后

奥斯卡最佳剧本奖得主阿伦·索金(Aaron Sorkin)曾经告诉我:"最大的错误是给观众讲述他们已经知道的事情。"

在用WHAC法对关键词进行分类并将其完善成句之后,我们要决定先说什么、后说什么以及不说什么,以构架故事和你的3分钟演说。为此,我们会做一个"前前后后"的游戏。

在和客户讨论时,我经常在索引卡片上打印或写出他们的每条价值陈述。然后,我会让客户玩下面这个游戏。我把卡片顺序打乱,随机把它们摆放在桌上,然后任意拿起一张卡片,问道:"在进行陈述之前人们需要知道什么信息? 这之后他们希望得到什么信息?"

客户通过这个游戏大声谈论他们的提案,他们回顾信息,快速找出这些信息的前后逻辑。这些陈述就像两块相邻的拼图,密切相连。

回顾你的价值陈述,找出显而易见的逻辑关系,将密切相关的陈述连接起来。你应该能够看到一些需要前置的陈述,而且更重要的是,你应该看看哪些陈述一直被后置。

除了"我是一名个人培训师"或"我们投资医药公司"这种一目

了然的基本信息，仔细看看那些隐藏较深的细节描述。

例如，当杰夫说"在我们施工期间，你可以待在家里"时，这个价值陈述就非常重要，但不难看出，在这之前需要铺垫很多信息。问："客户为什么能够待在家里？"答："因为施工过程不会造成屋内脏乱。"这个答案又会引出另一个问题："为什么不会脏乱？""因为我们只打小洞。"框架因此而逐渐成形。

逐条浏览你的陈述，先将那些自然契合的陈述连起来。为了确定接下来的信息，你可以反问自己"我该怎么做""那为什么重要""那如何操作"等问题，然后，用"那之后会发生什么"继续提问并找出下一条陈述。像拼图一样把这些信息连接起来。有些陈述会落单，有的则不好定夺。没关系，很快你就会学到如何将这些信息连接起来，填补空缺。

现在的重点是尽可能给所有的陈述排序。

你会发现，某些陈述需要很多"背景信息"才说得通，这说明它们是"要约陈述"。

如果听众在你演讲中途不断提出问题打断你，如果他们因思维跳跃而过早得出结论，又或者他们因为在你讲述的时候没跟上而让你重复之前讲过的要点，那么你就要知道你把信息陈述和要约陈述混为一谈了。

有听众提问通常是个好兆头，问题多说明他们感兴趣。不过，你肯定不希望他们提问题是因为感到迷惑或不耐烦。

你是否曾经在演讲中说过"我很快就讲到那儿了"，或者在演说途中偏离正题，再没有提到余下内容? 这背后大约99.9%的原因是你在演说过程中过早给出要约。

如果只是轻微混淆，情况反而更糟。听众不会打断你，不会随便提出问题，甚至不会感到困惑，因为他们已经屏蔽了你的信息。我听到有的客户在演讲后说："我感觉挺好的。我以为他们一定会跟进，但结果却不尽如人意。"我知道那是什么感觉。这是因为演讲者在需要信息的地方混杂了要约内容，从而破坏了整体效果。

现在，我们必须对你的信息做一些艰难的取舍。并非所有内容都能进入最终的3分钟演说，是时候进行一些削减了。

第七章

核心的3分钟

是时候把你的核心价值陈述中的一部分摘出来并放到一边了。它们将不会出现在你的3分钟演说里。这并不是因为它们没价值或不重要，而是因为它们会在你的3分钟演说结束后发挥最大价值。你不需要在演说的前3分钟内把所有的信息都说出来，而只需在那3分钟内把该说的说完。

你的目标是仔细斟酌信息量最大的那25条陈述。在WHAC法所分出的四类陈述中，有些信息只有在听众完全理解并掌握了必要的背景信息之后才能有效。做好准备，把你最喜欢的一些陈述留到3分钟之后再说。

等你稍加练习、增强信心并养成习惯之后，你就能对纷繁的信息轻松做出选择。在面对一场推介演说时，你可以将所有的要素分开，触及核心。刚才说的"稍加练习"或许应该说成"大量练习"，因为我现在仍然会为此而纠结。

在99%的电影中，导演剪辑版的时间都偏长，而且不够精彩，这是有原因的。几乎没有导演会采用这个版本，这也是有原因的。因为导演（包括我在内）太熟悉自己的作品了，所以缺乏客观性。我们珍视所有的信息。你应该热爱你的信息，但不应该过于矫情。

优秀的导演知道如何恰如其分地使用场景连接故事，让观众脑补其余信息。

看看业余水平的导演是怎样拍摄并剪辑镜头的：

加里接电话，脸上不悦；

他挂断电话时，给电话特写；

加里冲向厨房；

抓起桌上的钥匙；

上车；

近景拍摄加里插入钥匙，启动汽车；

倒车；

开车离开时轮胎发出刺耳的摩擦声；

行驶中，加里紧握方向盘；

加里把车开进私人车道；

他狠狠关上车门；

大步走向门厅；

他使劲敲门；

安杰拉打开门；

满脸惊讶——"你怎么来了，加里？"

同样的场景会被优秀的导演这样剪辑：

加里接电话，脸上不悦；

他抓起桌上的钥匙；

安杰拉打开门；

满脸惊讶——"你怎么来了，加里！"

优秀的导演知道而且相信观众能够自己拼接信息。你不需要展现加里开车的镜头，你只需要展现出他抓起车钥匙；也不需要呈现他使劲敲门，只需展示安杰拉打开门即可。我常说，讲述A到Z的故事不需要把字母表里的所有字母都搬出来。

你应该尊重观众，尊重他们已掌握的知识。我的很多客户都错误地认为简化信息就是要把所有想法和细节都填鸭式地告诉听众。"简化"并不是平铺直叙，而恰恰相反，应该有所保留，有所删减。

我常说听众很精明。在构思推介演说之前，你需要问自己如下两个最重要的问题。

- 我的听众已经掌握什么知识（还记得阿伦·索金吗？）？
- 听众如何合理化他们的决定？

给听众讲他们已经知道的东西是个坏毛病，是对他们的时间和智商的不尊重。

我知道做起来不容易

我们公司曾为NBC打造过一档名为《孩子们的秘密生活》(The Secret Life of Kids) 的新节目。NBC希望创作一档有趣的综艺类家庭节目，而且找了好几家制作公司谈方案。我们已经为样片拍摄了12个不同的场景，剪辑工作也已经开始了至少两周，接着就要开始准备推介演说了。

我们进行了关键词整理。

节目设置相当清晰。只要看了便利贴上的信息，你就能明白我的想法。（你可能没听过这个节目，也不在电视圈工作，但我打赌你能够通过图7-1中的这19张便利贴了解这个节目。）

孩子	父母不在	隐藏摄像头	独自
搞笑的情况	父母观看	简短的场景	喜剧
没有外界帮助	真实问题	孩子做决定	许多片段
惊喜	不同孩子	各个年龄段	恶搞
家庭录像	主人	工作室	

图7-1 《孩子们的秘密生活》推介演说关键词

当大家进行WHAC分类并完善价值陈述的时候，我看了样带的剪辑，时长12分钟。

公司的剪辑师和制片人告诉我，最终的片长大概为9分钟。当时，我正热衷于3分钟推介演说并感受到了它的成功，但我以为样片的制作会不太一样。它不是对电视节目的一个简单推介，而是为了把一个完整的概念全部呈现出来，我们对这个概念付出了大量时间和资源。我觉得，因为我们已经拍摄了14个不同场景，而且准备了长达7页的旁白稿，所以我们就有理由用更多时间来呈现这个推介。我向工作人员提出能否把时长压缩到6分钟。他们看着我，似乎觉得我疯了。

4天之后，样片时长缩短到6分21秒。"我们尽力了，但我认为缺了很多信息。"剪辑师说。我看完了样片。很好，但我总觉得没必要展现那么多内容。

我把节目开发办公室墙上的便利贴上的关键词抄了下来，将它们交给剪辑师。"我想说的就这么多。不能超过5分钟。"他的热情没那么高涨了。

3天之后，时长变为5分12秒。

"好，"我说，"但这仍然不是我想要的。咱们再试一次，把时长控制在3分钟以内，而且一定要少于3分钟，多一秒也不行。"

这次我感觉他们快要甩手不干了，但我依然坚持。

这并不容易。那些我们花了好几天拍摄出来的完整场景可能会因为时长限制而被删掉。想象一下，你要把已经拍好的镜头删减掉有多难。虽然拍摄和创作过程漫长而又艰辛，但我却不得不舍弃很多内容。将心比心，我非常理解客户在我要求他们删减多年来打造的想法和材料时的痛苦。

当剪辑组努力剪辑视频的时候，我决定对书面材料进行删减。为了说明节目情况，我们做了一个27页的PPT演示。我提出："不行，我希望幻灯片的数量不超过7页。"

3天后，我们寄出了一个时长为2分58秒的样片和7页的幻灯片。NBC购买了这个节目。

我们花了至少两万美元拍摄样片，但并没有将它们全部交给电视公司。无论你多么喜欢你的信息，也不论你在其中投入了多少成本，这都不重要；唯一重要的是完成工作，达成目标。

我不确定NBC购买节目是否因为样片只有3分钟，或者它是否会因为样片长达9分钟就不买了。也许即便推介演说内容平平，但由于创意非常棒，电视公司也依然选择购买。

不过，我可以确定地告诉你，从那天起，我们公司的样片从未超过3分钟。一个也没有。我职业生涯接下来的500场推介演说，没有一场的时长超过3分钟，用到的PPT从未超过10页。

少说一些，你能得到更多。

我知道你舍不得，但你总还有删减的空间。

再做一次WHAC

我虽然已经做WHAC分类很长时间了，但在处理信息时仍然小心翼翼。我发现，一旦到了准备推介演说或演示的阶段，我必须后退一步，确保我遵从了自己的建议。

就在写本书的时候，我也不得不翻看之前做的贴纸笔记来完善初稿（见图7-2）。即便我完成了书稿，要把书稿内容编辑为最终提交的版本还需要一个非常关键的步骤。

图 7-2　用 WHAC 梳理你手中的这本书

所以我希望你能再次使用WHAC分类进行一次筛选，以便帮助你锁定25个核心价值陈述。这次你需要记录WHAC的每个部分在整个演讲中所占的比例。

- W——它是什么？（50%）这是你的核心概念，让听众理解基本要素是成功的重要前提，甚至可以说你就成功了一半。
- H——它如何操作？（30%）如果听众理解了你实现核心概念及其操作的方式，你就已经完成了四分之三以上的任务。

内容和方式对于听众的购买决策会产生80%的作用。他们如果理解你提出的概念和价值，就会迫不及待地验证期待并参与其中。他们将寻找解决方案。

- A——你确定吗?（15%）支持或验证性的事实和数据实际上仅占听众购买决策的一小部分。如果你已经让听众了解了你的产品内容和运作方式，而且他们出于兴趣而积极验证，那么这个部分要比你想象的简单。
- C——你能做到吗?（5%）这是占比最少的部分。根据你在上述提问中所形成的价值，这个问题的答案可能是最无关紧要的。例如，在《超级减肥王》中，想出原始创意的制片人并未准备制作如此大型或复杂的节目。电视公司认同节目的概念，相信它的潜力，于是就让我的公司参与进来，直接制作节目并着手解决问题。因为95%的工作已经完成，这样做并不会影响整个节目的进程。

只要你的信息和价值足够有说服力，"能不能做到"就变得不那么重要了。

所以，在从最终的3分钟列表中删除一些陈述时，你应看看你的演说中每个WHAC分类中的句子数量。

你可以参照下面的标准。

- W——它是什么?（9句话，1分30秒）
- H——它如何操作?（7句话，1分钟）
- A——你确定吗?（6句话，20秒）
- C——你能做到吗?（3句话，10秒）

别抠字眼

在查看WHAC分类的问题时，你不要一个字一个字地纠结。相比字面描述，你的演说主题和产品价值更重要。

你要考虑这些问题和你的陈述的重要级别，并将它们与你的提案相匹配。你的演说中最有价值的元素是什么，即"它是什么"？我发现我的客户在使用WHAC整理演讲内容的时候总是沉溺在这一环节：他们过于纠结问题本身了。

我们可以多看几个例子来熟悉一下。

还记得戴维和他的公司吗？他们在油价很低的时候继续开采原油也不担心亏损。

他的公司的价值就在于能在各种地权及油价波动的情况下维持开采活动。即便油价降到了每桶32美元，戴维的公司也能继续钻井。当时，油价大概是每桶39美元，美国各大公司都暂停了开采活动，引起业内一片恐慌。因此，在这个例子中，"它是什么"的答案并非它是一家石油钻井公司。

在戴维的演讲中，"它是什么"的核心是"我们公司可以在油价为每桶32美元的情况下继续开采"。在回答"它如何操作"时，部分答案是"这块土地的沉积物比最初绘制时的密度高30%，沉积物层不需要额外的支撑或救济井"。如果听众了解而且有意愿投资石油和天然气，那么这个信息对于他们的购买决策会产生80%的作用。"你能做到吗"的内容是他们公司没有发生过任何重大环境事故，而且租赁合同经过认证。对于戴维的听众，他们对"你能做到吗"这个问题的期待就是"任何意外都不能阻止我们停止已经从事多年的工作"。

再来看一个例子,你可以好好体会一下WHAC结构的运作方式,它与最具价值的内容有关,而不是字面描述。

在十几年前,马克·伯内特(Mark Burnett)是真人秀领域最火的制作人。他制作的《幸存者》(Survivor)和《学徒》(The Apprentice)高居收视率排行榜第一位和第二位。由于马克在节目制作方面屡获成功,所以他一举成名。

没有一家电视公司不抢着接受马克·伯内特的节目推介。他红极一时,在真人秀业内无人能及。

马克有了一个新想法,由此产生的节目名为《海盗之王》(Pirate Master),可以说是《幸存者》的海盗船版本。你如果能成为船上的最后幸存者,就能拿走宝藏。

这个节目用WHAC分类法拆解起来是下面这样的。

这个节目最有价值、最重要的元素完全不是节目本身,而是马克·伯内特。他位于食物链的顶端:他是第一位明星真人秀制作人;他用国际化的形式制作节目;他选材独特,而且已经推出了两档大受欢迎的节目。所有人都想要他的下一个大项目。

那么,你觉得他下一个创意中最具价值的元素是什么?

- W——它是什么?答案是"它是马克·伯内特的最新创意,而且他自认为这将成为下一个全球热门节目"。这是目前为止最重要的元素。事实就是这样。在推介演说的前90秒,马克告诉买家他对这档节目的信心,他清楚如何让它获得成功并将其打造为他最成功的作品。对于节目是关于什么的以及如何操作,他一个字也不用说。

看见了吗?这个节目最重要的元素就是世界顶级制作人相信自己的节目会成功。对于电视公司节目采购人员来说,这是最重要的考量因素。这个节目是马克·伯内特认准的。

- H——它如何操作?在此案例中,这个问题并不能理解为"节目如何操作",而是"马克·伯内特怎么对这个想法如此兴奋"。他谈到了这个节目与《幸存者》的相似处,以及选手如何扮演海盗争夺财富。不用问,他这时就已经差不多把节目卖出去了。
- A——你确定吗?在这个案例中,支撑该想法的事实和数据有一些程式化的元素(16名参赛者,在一艘船上,每周淘汰一名,奖金100万美元)。你可能认为节目的实际运作方式很重要,这么想一般情况下都没错,但在这个案例中,它们只是用来说明节目是有基础的,其重要性最多只占15%。
- C——你能做到吗?这个问题的答案其实关键在于马克说他会亲自监制节目,而且他已经想好了拍摄地点。

这个节目当场就卖出去了,马克为CBS制作了14集。这个例子有些极端,但它说明你不必对WHAC的四个问题抠字眼。

在解读这些问题时,不要拘泥于字面意思。这样的话,你不仅会专注于最有价值的元素,还能让信息的呈现和演讲的流程更加清晰。

但最重要的是，它能帮你敲定最终版本，留下最核心的25条价值陈述，构成3分钟的推介演说。

在下一章中，我们将增加一些为你的演说锦上添花的元素。不过，我们先做一个有趣的测试。

火灾警报测试

我在和用户第一次筛选价值陈述时就会做这个练习。假设你正在会议上做演讲。你讲了3分钟后准备结尾，此时突然火灾警报响了。人们撤离房间，都被带到了街上（我在MTV工作的时候就遇到过这种情况）。

现在回答三个问题：

- 听众愿意回来听你讲完吗？
- 如果你不回去，听众是否有足够的信息来做出决定？你是否还有要补充的信息？
- 听众事后如何向别人解释你的推介演说或提案呢？他们会说什么？

在回答这几个问题的时候要做到客观、不偏不倚，特别是第二个问题。我发现许多人仍然自以为是，认为应该把悬念留到最后，以便让人们恍然大悟。那是因为他们没读过本书前面的内容。

但是你已经读过了，这就是我在和新客户开始讨论之前就先进行这项练习的原因。我不希望他们最后才给听众放大招。

如果你对自己的回答满意而且也做了进一步调整,我希望你再做一次这个练习。不过,请你记录演讲的用时并在两分钟时停止。此时火灾警报响起。同样的场景,你对因意外而没有讲完的内容有什么感觉?

是哪一部分没讲完?对于听众没能听到的内容,你打算如何处理?你讲的信息是否足以引起听众的共鸣?他们还想回到大楼里听你继续讲吗?他们若被问道"火灾警报响起之前的演讲说了些什么",能解释清楚吗?

还是那句话,要保持客观。你可能会发现,你在前面说了一些有趣的俏皮话,却把一些关键信息放在了后面,这导致它们因火灾警报而无法被听众听到。

我现在也还有这个问题。我喜欢引用别人的说法,补充细节,也喜欢引导听众,因此有时我必须后退一步,好好反思自己是否在画蛇添足。

我目前正在推介一个大型的游戏节目,节目中的参赛者要比拼他们即时回想信息的能力。我很想在推介演说中谈论大脑如何处理记忆和重要信息的科学原理。我想了一句台词:"你不知道自己真正知道多少信息。"但是,这会让我延后解释节目的操作方式。如果火灾警报在两分钟时响起,我的推介就不会给听众留下深刻印象。因此,我重新整理了演说顺序,在前面的部分安排了更多信息。

现在,你不妨重复这个练习,把火灾警报响起的时间设定为演讲开始后一分钟。显然,这么短的时间不够推介你的想法。但听众回想你一分钟内所讲的内容会相对容易一些。这能否吸引听众返回会场听完接下来的内容呢？答案必须是"能"，否则，你就该反思一下，做出调整了。

再看看你的一句话简介。看看那个推特版本。你是否又做了调整？

这些练习将帮助你确定信息呈现的最终顺序。在这个人们的专注时长不足8秒的世界，抓住听众注意力并让他们在3分钟内不开小差是一项艰巨的任务。

许多人错误地认为3分钟演说只是将冗长的解释简化到3分钟，错！你在本书中所做的大部分练习，其实都是在学习如何在3分钟内呈现出重要而且有趣的内容，以便有效传递信息。只有让听众长时间关注你的演讲，他们才能产生欲望。

我听过数百场推介演说，有的演说虽然也只有3分钟，却让人觉得痛苦而漫长。时间安排只是一个方面，时间再短，内容不吸引人也无济于事。

第八章

"钩子"

一个故事需要一个"钩子",一首歌需要一个"钩子",一部电影需要一个"钩子",你的3分钟演说也需要一个"钩子"。

"钩子"是关于创意或故事的一个关键点,会让你不禁觉得"哇,好酷"。

"酷"完美地描述了那种认可、理解和赞同之感。

不论是一件趣事、一个好价钱、一种力挽狂澜的气势,还是一段情感故事,它们对你而言都不重要,你所期待的就是听众发出"好酷"的赞同。

当你有了"钩子",那些非常了解你的公司或提案的人就会大声感叹"太酷了"。

我将这些推介演说和演示技巧教给了我的大儿子,而他每次向我提要求的时候,都会把这些技巧用在我身上,让我自食其果。我有一辆1969年的庞蒂亚克(GTO Judge)敞篷车,樱桃红的车身外加崭新的内饰。每当我儿子想向我借车的时候,他都知道如何简洁、清晰地说明情况,还总是抛出他的"钩子":"您知道,我和您一样爱这辆车,而且我从未让您失望过。"虽然我不会直说,但我心里想"啊,酷",

我觉得"他说得对"。没错,他给出了用车日期和原因,以及为什么要开这辆车,但最重要的是他自己知道他和我一样爱惜这辆车,而且以前没让我失望过。凭这一点,他就能说服我把车借给他开。

目前,你已经梳理了核心陈述,也按特定顺序对它们进行了排列,现在我来告诉你如何像世界顶级的好莱坞编剧一样找到并使用你的"钩子"。

和49人队的合作

我从小就是旧金山49人队的球迷,因此有机会和这支橄榄球球队以及NFL(美国橄榄球联盟)合作对我来说意义重大。

在我们合作的第一个项目中,我和49人队的董事长帕拉格·马拉特制作了一个节目,让NFL所有球队的厨师每周进行厨艺比拼。和NFL敲定了节目内容之后,我们向电视公司进行了推介。虽然这个节目没卖出去,但我和49人队建立了持续的友谊。

在帕拉格当上49人队的总裁之后,他做的第一件大事就是建一个新体育场。可想而知,在加利福尼亚北部建一个投资将近20亿美元的项目得有多难。

球队的旧体育场烛台公园(Candlestick Park)几乎快倒塌了。他们有两个选择:要么建一个新体育场,要么让球队搬家。球队的东家约克家族已经决定不让球队搬家,因此结果就是要么建新球场,要么球队解散。

约克家族决定借钱建球场,这样的话,他们不得不将球队等资产抵押出去。如果体育场最终没建成，他们就会失去球队。

建球场还面临很多其他问题，帕拉格还得为新球场找一个冠名商及12个高端企业赞助商。为了获得这每一项支持，约克家族都需要一个不同的推介演说、不同的演示和新的"钩子"。

在着手建一座新体育场时，你会从草图和建筑模型开始。除了画在漂亮图纸上的未经实践检验的理论和构想之外，你一无所有。帕拉格需要吸引大品牌赞助他们的项目，而且还要快速行动。可是，当新体育场已进入施工环节的时候，约克家族还没找到冠名商。这是个大目标，而董事会的氛围越来越紧张，压力一次比一次大。这是董事会要解决的大事。

是时候开始准备新的推介演说了。

一些大公司的体育营销部门每年都会听到十几场关于体育场馆和商业大厦的赞助推介或广告宣传。你将在后面的章节中发现，这种对"听众所知"的了解是为49人队的体育场准备推介演说的重要元素。

每场演说都简单精练，只包含了最相关且最具价值的信息。每场演说的"钩子"都不一样。向时代华纳（Time Warner）或威瑞森（Verizon）做的推介演说，与向捷蓝（JetBlue）或本田（Honda）做的推介演说所使用的"钩子"就应稍有不同。

向牛仔品牌李维斯（Levi Strauss）做的体育场冠名推介演说简练而经典。演说的WHAC结构清晰明了，所有的元素和细节都恰到好处。虽然体育场的大小、座位的数量、媒体曝光、投资回报及标牌等信息都很好说明，但所有的信息都需要一个"钩子"，这样才能让演

第八章 "钩子"

说有生气、有活力。

看看我们的"钩子":李维斯品牌创立于淘金热时期,它是一家加利福尼亚的公司,而49人队又名淘金者队,是一支加利福尼亚球队。不仅如此,李维斯的标志和49人队的队标都有完全相同的红色背景。这意味着每件周边产品以及体育场内的所有装饰和涂绘(包括球员的球衣)都将展现李维斯红。这两个品牌注定会结合在一起。

"啊,好酷!"这个"钩子"成就了现在的李维斯体育场。

不过,帕拉格和我的工作还没结束。事实证明,建球场只不过是一个开始。接下来,帕拉格得想办法运营体育场,而这并不是指吸引橄榄球球迷来观赛。我惊讶地发现除了球队之外,体育场竟然还会承办大量的其他活动。一支NFL球队一个赛季在主场只打10场比赛(如果进了季后赛,还能多打几场)。要是在其余的355天都空着,那体育场肯定无法存活。帕拉格的团队必须以每年50万美元的价格向在体育场举办活动的公司出售高级行政包厢和公司套票。公司需要为球场签下许多大型活动,比如主流的摇滚演唱会。

帕拉格的主要工作就是协助拿下这些大型活动的承办权。我原本对他的工作的重要性不以为然,直到他问起我与世界摔跤娱乐(World Wresting Entertainment,以下简称WWE)公司及其老板文斯·麦克马洪的合作经历。

原来,一年一度的摔跤狂热大赛(WrestleMania)是仅次于超级碗(Super Bowl)[1]的北美第二大体育赛事,目前还没有任何演唱会或活动

---

1. 超级碗是NFL的年度冠军赛,一般在每年1月最后一个星期日或2月第一个星期日举行。——编者注

能与之比肩。全国各地的体育场老板每年都像朝拜一样到康涅狄格州和麦克马洪见面，为承办摔跤狂热大赛而进行推介演说（说实话，更像是乞求）。

"为什么？"我问帕拉格。

"对于一家球场，乃至于一个社区来讲，摔跤狂热大赛有着巨大的吸引力。它带来的收入、流量和人气是无与伦比的。"

我从来不知道这些。我从小就喜欢WWE组织的赛事，而且我曾经与这家公司一起制作了一档名为《试验场》（*Proving Ground*）的竞技类节目。让我震惊的是，这项赛事的观众数量庞大，而且个个性情彪悍。我曾经在我的播客《为什么我不是……》（*Why I'm Not ...*）中录制过一集节目，讲述WWE及它为何在世界体坛经久不衰。迄今为止，这集节目依然是我收听率最高、听众评价最好的一集。但是，一支NFL球队的老板在准备承办摔跤狂热大赛的推介演说时叫苦不迭，这让我感觉有点不真实。

我了解了相关利益风险之后就开始关注"宣传"，但"热情展示"和"宣传鼓吹"之间有明确的界限。热情展示能鼓舞人心，而宣传鼓吹让人害怕。我经常说："你对结果的期待超过对项目愿景的关注越多，你用热情交换推销的可能性就越大。"如果听众在你的演说中感受到功利的心态，他们就会利用你的迫切之情，而那会毁掉你之前所做的一切努力。

你可以说帕拉格和他的团队很急迫，或者说得好听点，狂热到了需求急切且欲望强烈的境地。我担心那种"热情"和"推销"之间的细微差异会模糊，被误认为是拼死一搏。

第八章 "钩子"

文斯·麦克马洪是一位传奇商人，他看惯了人们的迫切渴望。

看看这是怎么运作的。

每年有那么几周，文斯让所有的体育场馆老板排队进入他的办公室，让他们推介自己的体育场并回答"为什么我要选你"。在和每个老板面谈30分钟之后，他会做出最终决定。

由于全国只有几个大型体育场馆有能力承办摔跤狂热大赛，所以每年出入文斯办公室的通常都是同一批人。

2015年，帕拉格和球队老板杰德，还有圣克拉拉市的市长一同飞到康涅狄格州向文斯·麦克马洪做推介。市长的参与是承办摔跤狂热大赛的先决条件。你必须获得市政府的支持，以此证明它们会提供后勤服务来保障摔跤狂热大赛这样重大的活动。此外，文斯喜欢各地的市长和体育场老板一起前来朝拜他。

当听到各市市长都要来，我突然意识到所有人都会说相同的话。每个体育场的推介方式都完全一样。为什么文斯让你来康涅狄格？所有的数据都不是什么秘密，体育场的座位数、看台设计和停车场的结构之类的信息基本上都是可以查到的。

关于和文斯·麦克马洪的会面，坊间有很多故事和传闻。比如文斯会开口就问"我为什么要选你"，接下来的3分钟让体育场老板和市长们饱受煎熬。我听说有时候老板们根本没有机会做推介演说，因为文斯会一个接一个地提出苛刻的问题，而且会打破砂锅问到底。仔细想一下，这么做不无道理。如果你是文斯，而摔跤狂热大赛是整个北美地区最大的赛事，无论它在谁的体育场举办，那么你都可以赚到数百万美元，因此唯一的问题就是"我为什么要选你"。

帕拉格将在演说中聚焦于"我为什么选你",但他需要一个"钩子",也就是需要一个让人感叹"好酷"的时刻。他不可能开口就说"我们有一个新球场,里面焕然一新,有8万个座位,而且市政府会帮助我们举办赛事"。达拉斯牛仔队老板杰里·琼斯(Jerry Jones)或许在他之前用同样的话推介了AT&T体育场。

在WHAC情境中,我着迷于"它是什么",而"我为什么选你"匹配的就是"它是什么"这个问题。

想象一下,你梳理了所有的关键词,将它们拓展成句,进行了排列并通过WHAC分类法进行了筛选,但最终发现"它是什么"并不明确。它并不关乎体育场的大小或运营商如何处理自身与球迷的关系。"它是什么"是起初谁都没想到的东西。

帕拉格就要为承办世界上最大的赛事推介他的体育场了,而他的"它是什么"和体育场并没有实质关系。

WWE公司的大厅中竖立着一座巨人安德雷(Andre the Giant)的大型雕像,这个7英尺[1]的庞然大物赫然耸立,俯视着等待和文斯见面的人们。安德雷的大手印刻在大理石上,让访客不禁想伸出手比比大小,然后自惭形秽。棕熊在这个大厅里都会相形见绌。这一切都是有意为之。

帕拉格一行人被带到主会议室。文斯·麦克马洪坐在一张30英尺[2]长的会议桌的另一端,右手边是他的女儿斯蒂芬妮,左手边

---

1. 7英尺=2.133 6米。——编者注
2. 30英尺=9.144米。——编者注

则是著名的摔跤手3H［Triple H，文斯的女婿保罗·莱维斯克（Paul Levesque）］。

在简短的介绍和寒暄之后，圣克拉拉市市长简单地介绍了他的城市，表达了他的激动之情，分享了一些关于这座城市的细节信息。这是推介演说的开场和背景（我会在接下来的章节中解释其中的细节）。

文斯开门见山："先生们，说说我为什么要让你们承办摔跤狂热大赛？"

帕拉格开始回答。他的核心陈述如下。

- （它是什么？）这是摔跤狂热大赛和WWE成为数字世界中心的机会。社交媒体和技术行业的大公司都在硅谷。
- （它如何运作？）李维斯体育场位于硅谷的中心，它已经成为硅谷的标志性建筑。脸书、谷歌及很多其他公司的总部都设在李维斯体育场周围，很多大企业都在体育场有专属包厢。
- （你确定吗？）世界已经数字化，它属于社交媒体。圣克拉拉市和硅谷是数字技术行业的中心。它不仅有地理优势，还有产业文化优势。
- （你能做到吗？）在用作橄榄球比赛场地时，李维斯球场可容纳76 000人；而用于摔跤狂热大赛时，它可以容纳90 000人。由于球场是全新的，它可以配备任何设施。

这些是推介演说中的基本内容，不过帕拉格还铺陈了"钩子"。演说中的所有信息都为它服务。

帕拉格的"钩子"

帕拉格的"钩子"很清晰，他是这样说的：

在技术巨头的帮助下，李维斯体育场打造了一款独特的App（手机应用程序），观众可以通过这个App在座位上订餐或买体育用品，然后等待送货即可。他们无须排队，也无须在人群中穿梭。没有任何其他体育场馆能提供这样的服务。文斯·麦克马洪和WWE在李维斯体育场赚的钱比在全国其他任何体育场都要多。

在停下来回答文斯的问题之前，帕拉格只用了3分钟进行推介演说。

我来解释一下这个"钩子"和帕拉格演讲的契合之处，以及它在三分钟法则中是如何运用的。

这个"钩子"由陈述和意义两部分构成，分别为：他们开发了一个允许观众在座位上订购商品的系统；WWE会因为这个程序而卖出更多商品。

"钩子"需要一些情境才能奏效。纵观帕拉格的推介演说，你可以清晰地看到，在讲述场内订购商品系统之前，你需要确定"它是什么"以及"它如何运作"，然后再给出"钩子"。

帕拉格的原话如下：

第八章 "钩子"

世界已经数字化，现在是社交媒体的世界。这是WWE进入数字世界中心的机会。

圣克拉拉和硅谷是数字技术世界的中心。全球最大、最具影响力的社交媒体和技术公司都在硅谷。

我们的体育场是目前为止技术最先进的体育场馆。我们与附近的技术巨头合作开发了一款App。观众可以通过这个App在座位上订购商品。他们可以一边激动地观看比赛，一边用手机下单。

该系统极大地提高了我们在比赛期间的商品销售量，它也会帮助摔跤狂热大赛。

当你听懂这个App在具体情境中的运用情况后，就会不禁说出："啊，太酷了。"

文斯·麦克马洪就是这么说的。当他开始提问后，其大部分问题都是围绕着那个App的技术和影响以及用户如何使用该程序的。文斯甚至还感叹道："那太酷了。"

2015年，第31届摔跤狂热大赛在李维斯体育场举行。

这个加利福尼亚州历史上最大的赛事之一是在一场不到30分钟的推介演说中敲定的。

这就是在故事中使用"钩子"的方法。

找到你的"钩子"

你如何为你的故事找到"钩子"？又该怎样使用"钩子"呢？

首先，我们来看看你在做WHAC分类时的回答。你应该找出核心陈述中让你最激动的一两条。如果听众完全听懂了你推介的东西，当你让他们说出"演说中最棒的一点"时，那么他们的答案恰好是你的"钩子"。

你可以使用这样的办法：先找出一条你觉得可以做"钩子"的价值陈述。

这里，我们以杰夫的水暖公司为例。其推介演说的"钩子"是"我们让原本的大规模装修变为小范围翻新"。

接下来，我解释一下这句话为什么重要。你可以得到下面的答案。

- 因为大规模装修会导致脏乱。
- 因为大规模装修花费巨大。
- 因为在大规模装修期间，你必须搬离房屋。
- 因为大规模装修让你压力巨大。
- 因为重铺整间房屋的管道是个大工程。
- 因为虽然你需要更换管道，但很可能会因为混乱和压力而无法开工。
- 因为人们认为小范围翻新既便宜又省事。
- 因为我们公司有一套新型、独特的系统。

经过分析，你会发现你要找的就是那个你想脱口而出"太棒了，对吧?!"的时刻。

要知道文斯·麦克马洪最想要什么并不难：他想赚钱。但这不是他唯一的动机。对于文斯来说，这不可能仅仅是钱的问题。你也不可能只凭利益打动他。否则，摔跤狂热大赛会在出价最高的场馆举办。杰夫也一样。他们公司的成功并不仅仅是因为他们提供的是小范围翻新。你需要了解整个背景。

不要开场就用"钩子"

找到"钩子"对大部分公司来说都很容易。当我要求客户说出让人觉得"好酷"的一句话时，他们通常很快就能想出来。但是大多数时候，他们的回答都太过仓促。

许多人都误以为要用"钩子"开场，不幸的是，许多销售方面的图书也是这么写的，还有一些教练也这么认为。

"嘿，我是'管道重铺专家'的杰夫，我们可以让您整屋的水暖管道重铺不再是大规模装修工程，而是小范围翻新。让我来告诉你我们是怎么做的。"

听起来不错。在阅读本书之前，你可能觉得这是对的（我希望本书让你改变了想法）。

没错，这个做法在"电梯游说"流行时或许能取得不错的效果。因为在电梯里，当你这样开场的时候，对方会说："嗯，有意思，说来听听。"如今，很多专家（和"伪专家"）仍然推崇这个做法。

但在今天，大多数人在听到这样的开场白时并不会这么想，即便他们会在表面上应和你。

在听到这种开场白的时候，听众实际上的想法是"我不确定我要不要相信你，你得证明给我看"。或者，如果你的表述比较浮夸，那么他们的第一反应是你在"胡扯"。这样的话，你就得说服他们。

这听起来是不是很像一种策略？

这个做法被叫作"论述—证明法"（state-and-prove），它多年来一直被奉为圭臬。不幸的是，现在仍然有人在销售和市场营销基础课程中教授这个方法。根据这个方法，你先给出结果，让人们有所期待，然后给出信息，说服人们相信你的话。

我经常告诉别人："如果你先给人一个冠冕堂皇的结论，然后再尝试论证，听众会产生怀疑并设法否定它。"

好好想想吧。

你为什么要让听众琢磨？他们心里可能会嘀咕："那不可能。我不这么认为。你会这么想？"你或许会最终赢得他们的倾心，但在那种情况下，你之后说的所有内容都要用来证实你刚才在"钩子"中下的定论，而且还得有说服力才行。这样的话，你就将自己置于不利的境地。你面临着一场苦战。

我以前合作过的所有生物技术公司都用这样一句话开始他们的演讲："我们将带来一场健康护理行业的革命。"首先，这个"钩子"并不怎么样；其次，听众听到这种话之后的反应通常是"真的吗？你们可以吗？我觉得不行，不过你继续说说看"。如果情况真是这样的话，那么最好的结果也许只是有人在演讲最后说："听着不错，不过我还是

第八章 "钩子"

不懂你说的行业革命。"

你觉得这是一个有吸引力的起点吗？我在TLC[1]电视公司的时候，制作人会来到我的办公室，他们往往开口就说出这样的话："我有一个新节目，它会成为你的下一个大热门！""观众一定期待这样的节目。""这是广告商梦寐以求的。"

你想用这种方式开始你的推介演说或演示吗？

"论述－证明法"已经过时了，它在当今这个信息爆炸的时代是一种无效的方法。技术、营销和广告宣传在过去的20年间飞速发展。为了全面吸引和影响消费者，各家公司每年都会花费几十亿美元进行市场营销。营销已经在过去的几十年中变得越来越复杂，而且效果显著，以至我们的生活中处处都有品牌宣传的影子。消费者包括年龄、性别、教育、收入水平、婚姻状态和购买习惯在内的一切都已被广告商盯上了。

公平地讲，"论述－证明法"有一定的科学依据。它是对接近动机原理的研究，有关人们为什么做决定或"被说服"。传统观念认为欲望让人专注，意思是如果你渴望某个东西，你就会一门心思关注它。因而，如今的营销、销售和广告的目的就是要让你对产品产生欲望，让你关注产品，从而有机会向你解释关键细节，赢得你的青睐。

从理论上讲，如果你告诉我你的创意能成为我的下一档热门节目，而我恰巧又急需一档热门节目来保住饭碗，那么我肯定会洗耳恭

---

[1]. TLC是探索通信（Discovery Communications）旗下的一个电视频道，定位为旅游体验与家居生活频道。——编者注

听。但就现在而言,即便我会听,也会一边听,一边怀疑,一边对你的新节目评头论足。

想想看,如果我告诉你,只要看了这本书,你的销售转化率就会翻一倍,你的收入就会增加三倍,那么恐怕你绝对希望收获这种结果。你可能还愿意沉下心来听我唠叨。但我从那时起说的每个事实或陈述都会被归为两类,要么是支持我的承诺,要么就是违背我的承诺。

其实,有一个更好的办法。

学术期刊《动机、情感和人格杂志》(*Journal of Motivation, Emotion, and Personality*)发布了一项研究,其中有一项破天荒的发现:接近动机反过来也是说得通的。研究人员发现关注可以创造欲望,意思是你如果可以吸引并持续获得听众的关注,就可以让他们对你的结论产生渴望。你可以引导听众在理解了你所提供的产品或服务之后产生期待和渴望。

这一发现或许是突破性的,但好莱坞几十年来一直在使用这种"关注创造欲望"的方法。通过叙事来引导听众得出你所希望的结论是好莱坞编剧的常用手法。你知道好人会有好报,而且希望在90分钟的电影结束时看到预期的结局。你知道结局,那恰恰就是你所期待的。当然,悬疑剧中会出现"大反转"或"重大发现"。但是,这种重大发现只有在观众串联起前面的情节并感到"恍然大悟"时才能达到最佳效果。这是所有好故事的基本结构。你是引导者。

你需要做的是用简单直白的事实开场,让它们一步步导向最终的结论。你希望听众在你讲完"什么"和"如何"之后开始自觉形成"钩

第八章 "钩子"

子"。当你最终说出"钩子"的时候,他们会在脑海中赞叹:"说得对!"

我总是告诉我的客户:"你的'钩子'几乎无须讲出,它是一件明摆着的事情。"

当文斯·麦克马洪听到技术界的加持以及观众在座位上就能购买商品的时候,他就开始想:"相比其他地方,我能在李维斯体育场赚更多商品利润。"

但是,如果帕拉格在演说一开始就说"我们可以让你在李维斯体育场赚取更多的商品利润",文斯的第一反应会是"证明给我看看",而且他会产生质疑并根据这个论断评判帕拉格在演说中的每一句话。

当杰夫解释他的公司仅仅在墙上打小洞,将柔软的新型管穿过小洞即可,因而不会造成脏乱,也无须户主搬离房屋之后,听众会在他做出总结之前琢磨:"这确实算不上大规模装修。"

你几乎不用说出"钩子",它应该是不言而喻的。这也是你所希望的。这就是好故事的力量,它能引导你,也能引导听众。

在我们所到之处,营销如影随形,总有人向我们售卖东西。所以,面对他人的各种主张,我们总是满怀疑虑,不会轻易相信。你的论述、承诺和产品都将受到听众的检验。

任何超过竞争对手的承诺都将被视为言过其实。即便听众相信你提供的东西有价值,他们也会开始搜索蛛丝马迹。如果你还用了"颠覆性"或"最棒"之类的形容词,他们就会认为你是在忽悠他们,耽误他们的时间。

你的演说一定要反其道而行之,不要一开口就自卖自夸。你应该搭台布景,输出信息,让听众自然而然地得出结论,认为"这个交易棒极了",而无须你亲口说出这句话。

再次看看你的价值陈述。把其中信誓旦旦的承诺、总结性的陈述以及你对它的意见挑出来,把那些与你的"钩子"相呼应的话都放到一边。我们先关注WHAC分类中的"它是什么"和"它如何操作"两部分。你希望你的陈述能让听众逐渐联系到你的"钩子"。你应该看到这个变化过程在你眼前发生。

你如果还没开始这么做,那就把所有的陈述都写在索引卡上。在这个过程中,你需要自如地安排这些陈述的顺序。你可以用电脑来做这件事,但用实物卡片在速度和流畅性上一定更胜一筹。

凯蒂·佩里最棒

下面讲讲我最喜欢的一个说明"论述—证明法"无效的例子。我最近在国家演讲者协会做主旨发言时就讲了这个例子。我好奇满屋子的专业演讲者如何看待我对接近动机理论的描述。

我在屏幕上展示了一张巨大的凯蒂·佩里(Katy Perry)的照片。我说:"我想向你们介绍我的朋友凯蒂·佩里。我知道你们熟悉她和她的音乐。"

然后,我说出我的观点:"凯蒂·佩里是历史上最成功的女艺人。"

现场的反应是一片迷茫的沉默,几秒之后,我听到角落里发出一声惊讶:"什——么!"

我笑着问道:"有哪位不是百分之百同意我的观点?"

房间中所有人都举起了手。

第八章 "钩子"

我看到角落里有一位优雅的非裔美国女士,她叫贾米亚。她几乎快坐不住了,挥舞着手,一看就是不同意我的说法。

"有哪位非常不赞同这个说法?"

我看贾米亚在座位上扭动着身体。所有人又一次都举起了手。

"好,那么,有没有人完全不同意这个说法?"说着,我走向角落里的那位女士。

"您看上去不同意。"

"小子,你一定是疯了!"她说。然后她开始怒斥我的言论是多么无知,并滔滔不绝地说起她的灵魂姐妹蒂娜·特纳[1](Tina Turner),逗得听众哈哈大笑。

通过刚才的举手表决结果和贾米亚的长篇声讨,我确定了华而不实的论述只会引起强烈的反对。我请求听众让我换个方式再做一次介绍。

我再次展示出凯蒂·佩里的照片。

"我想给您介绍一下我的朋友凯蒂·佩里。我知道你们熟悉她和她的音乐,但直到我和她认识一段时间之后,我对她的演艺生涯才有了更多的了解……"

然后,我讲了凯蒂演艺生涯中的一个小故事,然后开始逐条列出有关她的一些简单事实。

- 首位在一张专辑中有五首冠军歌曲的女歌手。

---

1. 蒂娜·特纳是一位非裔美国歌手、演员,活跃于20世纪后半期,被认为是最成功的女性摇滚艺术家,有"摇滚教母"之誉。——编者注

- 她创造的纪录仅次于迈克尔·杰克逊（Michael Jackson）。
- 首位获得数十亿次视频浏览量的艺人。
- 打破了8项吉尼斯世界纪录。
- 拥有转发量最高的单曲。
- 连续69周排名第一。
- 连续18次被评为最热门歌手（其他歌手望尘莫及）。
- 唱片最畅销的女艺人之一，售出了超过1亿张唱片。
- 6次被评为收入最高的女艺人。

我转向观众，问道："你们知道我接下来要说什么，对吧？"

我径直走到贾米亚身旁。"我还需要说出来吗？"

她什么也没说，微笑着和我击掌。

"现在想想，你更理解我刚才的论述了。"

不要先论述后证明，要用信息引导听众得出结论（inform and lead）。

我喜欢这个部分。找到了"钩子"之后，你的故事会变得生动起来。我知道那种令人陶醉的感觉。你大概想跑出去，在周围的所有人身上尝试一下。

但等一下。因为这并不是全部，你的推介演说还能变得更好。

现在你已经有了"钩子"，我们接下来要找找"锋刃"。

"锋刃"是听众意想不到的东西。

第九章

"锋刃"

屁股蛋碰撞通道

如果你知道什么是屁股蛋碰撞通道,那么我猜你不是我的电视节目的粉丝,就是有特殊背景和奇特的求学经历。

开个玩笑而已。这个说法并不是听起来那么回事。

这个概念出自我在2011年打造的一档由乔恩·塔费尔(Jon Taffer)主持的热门电视系列节目《酒吧救援》。目前,这个节目已经播放了近200集,带来了近2.5亿美元的收入。它是我最成功的节目之一,也是我在演说中毫不犹豫地作为"锋刃"的例子。屁股蛋碰撞通道的概念就是我们在推介《酒吧救援》时使用的"锋刃"。

我第一次见乔恩·塔费尔是在他的经纪人寄给我的录像带里。总的来说,他给我的印象是大块头、大嗓门、有点讨厌,但令人印象深刻。乔恩不仅是一位酒吧和夜店老板,也是一位此类场所的修缮顾问,他在业内有良好的口碑,生活优渥。

我心动了,但我告诉乔恩的经纪人我要再考虑一下。其实,我是觉得乔恩太与众不同了,我不确定观众是否会认可他。我只是心里没

第九章 "锋刃"

底。他虽然有戈登·拉姆齐（Gordon Ramsay）[1]的傲慢态度，但没有英式口音，也不像美食主厨那么世故。

我打电话给一位在史派克电视台（Spike TV）做节目的朋友，询问他的意见，因为我可不想把时间和资金花在一个别人并不看好的节目上。

结果，广播公司很喜欢乔恩，我的朋友说："他很不错。从他身上可以挖掘出一些信息，让他来和我们见一面。"

于是，我联系了乔恩的经纪人，安排了一场会面，但我心里还是有些疑虑。我和电视公司"看上"的人进行过100多次这种会面，其中98次都通过了。不过，电视公司的青睐并不能总是转化为订单。我必须给乔恩打造点特别的东西，让他成为一个"不可或缺"的存在。

我和乔恩一起讨论节目，准备电视推介演说。节目的大致创意是乔恩每周会把一家难以继续运营下去的酒吧推倒重建，让它们起死回生。节目将在他粗犷、强硬的风格和酒吧的大变身中推进。

只有一个问题。《厨房噩梦》（Kitchen Nightmares）当时已经走红，戈登·拉姆齐也会在节目中对餐厅进行改造。因此，我们的节目需要更多看点。节目的概念已经有了，乔恩的风格绝对是节目的"钩子"，但还需要一些抓人眼球的地方，也就是一些能够让节目与众不同的地方。

那是什么呢？屁股蛋碰撞通道！当乔恩给我讲起屁股蛋碰撞通道的时候，我知道我们的节目有了"锋刃"。

我们进行推介演说的那天，电视公司的老板们聚集在维亚康姆

---

1. 戈登·拉姆齐，名厨、节目主持人、美食评审、堪称英国及至全球的顶级厨神，因其在烹饪节目中的粗鲁、严格以及追求完美的风格而被媒体称为"地狱厨师"。——编者注

（Viacom）公司的一间大会议室里，等着听我们的推介。

我们按照WHAC结构准备了一场清晰、简洁的3分钟推介演说。

在说明了节目的"什么"和"如何"之后，我们开始放出"钩子"，即乔恩个性奔放、拥有丰富的酒吧经验，他在酒吧业相当于餐饮业的戈登·拉姆齐或音乐界的西蒙·考埃尔（Simon Cowell）。而他也恰恰和西蒙、戈登一样，嗓门大、刻薄而且直言不讳，但他很了解酒吧运营，而且总是对的。之后，我们开始进入演说的"锋刃"。

乔恩说，他从自己多年的酒吧和夜店运营经验中总结了一些没人公开过的行业秘籍。餐厅的成功主要依赖于食物，而酒吧和夜店则完全不同。

"为什么有的酒吧和夜店大受欢迎，而另一些则门庭冷落？"乔恩问道，"他们可能互为邻居，但经营状况却截然不同。我知道这是为什么，而且可以毫无保留地告诉你。"

电视公司在场的所有董事都竖起了耳朵，期待乔恩所知道的秘密。无疑，其中有人投资了竞争激烈的纽约夜店市场，而且不论乔恩提供什么建议，他们都会立刻付诸实践。

"有一件事，除了我之外，其他人都不会告诉你。"乔恩继续道，"你的酒吧需要一个屁股蛋碰撞通道。"

这话让在场的一些老板蹙起了眉头，有些莫名其妙。什么是屁股蛋碰撞通道？他们满脸好奇。

乔恩详述了他的发现："每个酒吧和夜店的顾客都有一些走动模式。顾客会在酒吧内四处走动，了解店内的情况。他们想看看有什么新鲜人、新鲜事，这就形成了一个顾客走动的基本环路。每次为一家酒吧做修缮咨询的时候，我都会重新设计酒吧的内部空间，让这个环路形成屁股蛋碰撞通道。这个通道常常是酒吧里的一个狭小位置，由于过于狭小而无法容纳两人并排通过。如果两名顾客从相反方向经过这里，他们就不得不侧身通过，而两个人的屁股就会碰到一起。当两人的屁股碰撞时，他们的身体就会释放胺多酚。男女之间的身体接触也会产生这种反应。那些胺多酚水平较高的顾客会玩得更开心，在酒吧待更长时间，点更多酒水，花更多钱，会经常惠顾，从而让酒吧赚更多钱。说白了，这个做法就是要让顾客挤在一处狭小的空间，让他们不得不在经过彼此的时候碰到对方的屁股。"

在乔恩说完坐下后，我看到在场的老板满脸惊讶。我心里有数了，节目卖出去了。

这都是屁股蛋碰撞通道的功劳。

节目卖出后，我们就开始制作节目。第一集就出现了屁股蛋碰撞通道。

屁股蛋碰撞通道就是"锋刃"。它将不受演说的简洁性要求的束缚，提醒听众你将讲一些不一样的东西。你还可以把它当成推进演说的元素。

"锋刃"是让人耳目一新的奇闻逸事，它能让听众精神一振、兴致盎然。

如果你的"钩子"很酷，那么听众应该会预料到你的"锋刃"将让他们大开眼界。

再看看屁股蛋碰撞通道的故事，你会发现它从侧面描述了产品的利益和价值陈述，但它不能独立存在。显然，它是一个令人信服的例子，但并非仅限于此，它能将听众立即带入情境中并将你最有价值的陈述可视化。

在《酒吧救援》的推介演说中，我需要让节目采购方看到乔恩并不仅仅是一个尖酸刻薄、嗓门大的讨厌鬼，他还是一位拥有多年行业经验的专家并且对这个事业满怀热情。他会与听众分享一些他们从未听过的秘密。你可能认为酒吧内的很多情况都是出于偶然选择，其实它们背后都有科学道理。你如果看过我们的节目，就肯定知道我在说什么。我们在每集都给出了这种科普细节。

有趣的是，当我们罗列这个节目的关键词时，我们并没有列出"屁股蛋碰撞通道"，但它的效果是如此之好，以至我现在和客户讨论的时候都会把它列为一个单独的分类。我们经常问："你的屁股蛋碰撞通道是什么？"

你的屁股蛋碰撞通道是什么

那你的屁股蛋碰撞通道是什么？有什么故事或案例能够解释你的"钩子"？你能找到那个特别的故事来明确地说明你的观点吗？

帕拉格在摔跤狂热大赛的推介演说中的"锋刃"，是他们的新App将为场内每个观众提供洗手间的实时排队情况。在App上，观众可以看到每个洗手间的位置，还可以通过绿色、黄色和红色的指示灯看到哪个洗手间的排队人数最多。帕拉格和他的团队都没有预料到这个功能竟然如此成功。观众可以判断他们到达洗手间和返回看台的准确时间，从而尽量不耽误观看比赛。观众不用因为把时间浪费在如厕排队

第九章 "锋刃"

上而错过精彩的摔跤狂热大赛。

杰夫和他的水暖公司的"锋刃"是一个故事。酒店聘请他的公司重新装修每间客房，要求是不打扰客人或不让他们察觉到酒店正在施工。杰夫的公司不希望像其他公司那样让酒店因为装修而停业。杰夫的工人每天晚上预订一间不同的客房，他们重新铺设水管，但不产生任何噪音或混乱。他们总共装修了87个房间，但没有一个客人察觉到他们在施工。他们在大厅和走廊里不穿工作服——工人们在房间里换好衣服，然后穿着便服走出去，看起来和其他顾客一样。

"锋刃"会让你在讲完一个故事的时候，自信地反问听众："不可思议吧？"

观众几乎把这个App当成一个游戏。他们等待绿灯，然后估算他们能够多快返回座位。他们喜欢寻找不同楼层、不同场区内排队人数最少的洗手间。很不可思议吧？

我的员工打扮成顾客的样子穿过大厅，进入房间后换上工作服。我从未见过这样的工作方式。

看看你的信息。哪条会让你觉得"不可思议"？仔细搜索你的陈述和"钩子"。有没有那个瞬间最能证明那些陈述？哪个瞬间最具活力、简短又温馨，还有点酷？你的屁股蛋碰撞通道是什么？

"锋刃"未必总是已经发生的事情，也可以是你认为会发生或者你想象中发生的事情。创业公司在进行融资演说的时候通常没有关于

App的操作方式或产品销售情况的真实故事，因为他们的产品还处在新生阶段。我会帮助他们找到自身产品潜力方面的"锋刃"，或者帮助他们讲个故事，解释他们是如何看到自己的产品的市场潜力的。

我曾和一个名为"床和干草垛"（Bed and Bale）的初创App合作，这个App可谓是针对马的"爱彼迎"（Airbnb）。骑马出行的人们可以使用该App，动动手指就能找到所在地区的马匹服务提供者。

"床和干草垛"的想法源于一个发生在该App创始人弗吉尼娅（Virginia）身上的故事。有一次，弗吉尼娅正开着卡车，车上载着她的几匹马，突然卡车车轴坏了，她被困在路边。弗吉尼娅第二天本来要带着她的爱马参加跨栏比赛，但此时离比赛场地还有200英里（321.87千米）路程。几个小时后，她叫来了一辆牵引车，帮忙拖车，但是她的马受了惊吓，她只能将它们从卡车中拉出，努力让它们镇静下来。6个小时后，卡车还是没修好，而她也已经赶不上比赛了。

她不得不在卡车里过夜，把马拴在路边。她想用谷歌查找住宿地点，但所有合适的地方都已关门。她知道这个地区肯定有不少家庭有拖车和马棚，但在深夜十一点半根本联系不上这些家庭。如果能有一个App，她只要点击一下就能联系到出租拖车或马棚的人家该多好。

弗吉尼娅在演说中的"锋刃"是，她错过的那场比赛本可能是个好机会，尽管她当时并不知道。就在那周，最有实力的两匹马退赛了，因此那次比赛可能是她最有可能登上领奖台的一次机会。她原来一直名列第四或第五，但是如果头两名退赛了，那么她至少就可能拿到第三名。当发现自己错过了大好机会的时候，她心里非常沮丧，于是决定创建一个她睡在卡车里那个晚上心中所期待的App。

第九章 "锋刃"

这个故事说明了该App的价值，但她差一点就可以登上领奖台的遗憾成了演说的"锋刃"。它让听众听得更加投入。

人们总想早早在演说中使用"钩子"和"锋刃"，觉得它们能给听众带来冲击。你一定要抵制住这样的诱惑，因为让信息发挥作用、烘托情境的效果会更好。用信息引导听众得出结论，不要先论述再证明。

我的很多客户都习惯用本该作为"锋刃"的故事来开启演讲。

根据惯例，开场的时候要指出你解决的问题是什么，我完全同意这个做法。不过，我们现在要做的是在开场中描述问题而不直接说破。

在开始推介演说或进行演示的时候，让听众在你还未点明问题之前自己先看到问题。这种做法更有力量。实际上，你得让他们在你还没提供解决方案的时候就能在心中勾勒出理想的解决方案。

接下来，我们将打磨推介演说的开场和背景，看看我们在电视和电影中所说的"存在理由"（reason for being）。

第十章

善用负面信息

总有问题存在。

你不希望观众发现什么

在和客户合作或进行演讲的时候,我总会说:"我们来找找问题。"毫无疑问,所有人此时都以为我指的是他们的产品或服务能为用户解决的问题。我清楚他们误解我的原因。在他们看来,你是要先发现问题,然后说明你的产品或服务如何解决这个问题以及满足需求。这一直都是推介演说和销售的标准做法。

实际上,当我说"找问题"的时候,我指的是找出你在推介产品或服务的过程中产生的问题。

在和每个新客户沟通的时候,我都会提出一个重要问题:"你不希望观众发现什么?"

对这个问题的回答很能说明问题。如果客户诚实,那么他们总会发现一些问题。

为什么做这个练习?因为到目前为止,我们关注的都是"价值所在"和"好的一面"。你一直在识别最有力而且最具影响力的信息并进行归类,以此构建你的故事并引导听众。在进行推介演说的时候,我们习惯于把最好的、最鲜亮的或最积极热情的一面展现出来。

这种做法在过去还凑合,但现在,你一定要让听众看到你推介的事情的另一面。我之前提到过,现在的听众早就熟悉了各种营销套路,他们会心存戒备。当你开始讲得天花乱坠时,他们的第六感就上线了。

在你先论述后证明的时候,听众会伺机否定你的论述。同样,如果你的推介演说和提案中都是积极正面的内容,听众就会不自主地找问题,寻求平衡。真正可怕的是,他们常常会一边听你演讲,一边找你的毛病。

你也许是为数不多的没有缺点要讲的人,在一天结束后,也不在乎听众是否会在鸡蛋里挑骨头。但是,这样的演讲基调真的足够坚定吗?

显然不是,而且它几乎总是经不起质疑。

你不希望听众挑刺儿。你不会希望在你兴高采烈地讲述自己的想法的潜力和优势时,他们却一心想着如何否定你。但如果你的演讲中都是阳光和鲜花,听众就会这么做。

你是否有过这样的经历:当你结束演讲后,听众提的第一个问题就和反面案例有关。你一说完,就有人问"要是……怎么办?"。

事实上,如果你搞定了"要是……怎么办?"这种问题,你就能搞定客户。想想吧。如果听众提出的第一个问题就是让你解释一个潜在问题,那这说明他们在你演讲的时候就一直在琢磨这个问题,因此反而错过了你演说中的大部分有价值的信息。你肯定不希望这种事情发生。

不过,"要是……怎么办?"这种问题并不一定是件坏事。只要你能提前发现它们,我就能告诉你如何让它们为你所用。

首先,通过以下问题来找出你的"要是……"问题。

- 你不希望听众在你演讲的时候想什么?
- 你不希望他们得出什么结论?
- 他们会认为你忽略了什么问题?
- 你最不希望他们询问什么问题?
- 如果有人提出异议,那么最主要的原因是什么?
- 如果你的竞争对手在场,那么他们会提出怎样的疑问?
- 如果这是一场辩论,那么反方会说什么?

你如果想到这些问题,就找找问题,找你的问题。

将弱点转化为优势

对于任何有名人参与的节目,嘉宾的选择总是个大问题。你能请来名人出演吗?你能说服大明星出镜吗?你不能仅仅嘴上对节目采购方说:"嘿,我们会让现在大名鼎鼎的某某明星参加节目。"

我们在推介演说中说:"我们还没找到一位真正有其他工作的明星。他们一直都把音乐当作自己的毕生追求。目前为止,对节目感兴趣的嘉宾都是这样。"

问题是，这可能会呈现出一种明星小瞧普通人的感觉，因为他们在节目中所做的工作并非自己的真正工作。

通过坦白说出这个问题，我可以证明：

- 我们已经在和明星沟通，并开始选择嘉宾。
- 很明显，我们正在和那些一开始就在做音乐的大明星沟通。
- 我们确实经过了深思熟虑，并且对自己推介的节目实话实说。
- 我们在考虑并积极解决可能出现的创意方面的问题，并且对自己解决问题和推动节目顺利播出的能力充满信心。

自从我们走出ABC会议室的那一刻起，我就清楚地感受到这个做法起作用了。

从那时起，我开始用弱点来强调并证明正面信息的价值。我会教你如何将这个方法用在你的演说中。

回去后，我便召集了研发团队，让他们拿出我们的所有节目创意。然后，我穿梭于各个房间，努力和他们找出每个节目的"问题"。

果然，他们不用一分钟就能找出一个节目创意存在的问题。所有人都知道这些问题。从开始准备推介演说的那一刻起，我的团队成员就意识到了这些问题，但是没人谈起。我们一直都打算全力以赴，冲破难关，用正面的极具说服力的信息解决问题。

"如果你是买家，那么你会出于什么原因不买这个节目？"我对记录在册的每个想法都提出了这个问题。"好，那我们就开门见山来说说这个问题。"

从那时起，我们把找出的最大负面问题纳入节目开发过程，并在电视公司的高管有机会琢磨这些问题之前，把它们放到推介演说中。

我决定先下手为强，把节目形式上存在的潜在问题提出来。我希望电视公司的采购人员为我维护创意的价值。

在向NBC推介一个大型竞技类节目时，我说："我不确定我们是否能为节目找到合适的嘉宾。我们的目标太过具体，如果没有合适的嘉宾人选，那我不知道节目能不能做出来。"

电视公司的人员这样回应我："我们总能找到嘉宾的，而且必要的话，可以把范围扩大一些。即便只是一个'还凑合'的嘉宾阵容，也能呈现出很棒的节目效果。"

我自己都不可能说得这么好，更何况，这话从他们嘴里说出要比我说更有说服力！

我曾经向ABC出售过一个名为《明星四溅》（*Celebrity Splash*）的节目，让参加节目的明星学习奥运项目跳台跳水。尽情笑吧。相信我，这个想法那时候听起来也很滑稽。不过，我们在推介节目的时候就心里有数，因此直接在推介演说中把这一点提了出来。

我在演说时说道："我们将尽力争取知名的嘉宾出演节目，但一线明星不可能参加，我们必须接受这个事实。这意味着观众很有可能和我们有同感，认为这个节目有些荒谬。大家应该知道，这个节目在欧洲大受欢迎并不意味着它在美国也有市场。它也许就是有些荒唐。"

果然，ABC的负责人约翰·萨迪说："你说得没错，但我认为节目的吸引力就在这里。我们必须接受它的荒谬和做作之处，这才有看头。我认为这也是它在欧洲反响良好的原因。"

你看见了吗?

听众在为我解决问题呢。通过巧妙的布局,听众可以利用我呈现的最有价值且引人注目的信息,帮我解决问题。

相比试图掩盖问题,让ABC的采购人员在我做完推介后说出下面这句话更有说服力:"我不确定你怎么能找到明星参与这个节目。"我无须明说就能强调这个节目在欧洲的成功。

"全完了"时刻

好莱坞电影有一个关键的叙事技巧,叫作"全完了"时刻。它和前文所述做法的原理一样。

电影中有这样一个瞬间,此时矛盾重重,主人公已经无路可退。导演利用这个瞬间让观众产生期待,强烈渴望剧情的转折和结尾的皆大欢喜。

当看到坏蛋快赢了时,你感觉一切都要完了,希望坏人被报复,希望情节反转,渴望英雄能够崛起。

在电影《罗基》(Rocky)中就有这样一刻。罗基似乎死定了。你几乎要在屏幕前叫起来:"起来呀!"导演设计这一瞬间,让你期待奇迹。然后罗基起身。你被电影人物深深吸引,开始真正相信并支持他的使命。

你不会在看到这种瞬间的时候想:"哦,就这么回事。肖申克监狱的生活太糟糕了,我希望安迪·迪弗雷纳(Andy Dufresne)[由蒂姆·罗宾斯（Tim Robbins）饰演］安静地死去。"不! 你希望他能成功越狱，因为前80分钟的剧情让你想为他打气，憎恶他所经历的一切，你对他的未来满怀信心。

你可以在故事或演说中设计一个"全完了"时刻，从而为听众创造一个与你"休戚与共"的契机，让他们相信你的故事。我告诉我的每个客户，在面对潜在的负面信息时，你通常只有三个选择。

A. 你提出负面问题，让你的听众主动解决它。
B. 你等听众提出负面问题，然后去努力解决它。
C. 没有人提出负面问题，听众相信你，但问题仍然存在且未得到解决。

你觉得哪种策略更有效？

选A，对不对？

顺便说一句，没有选项D，因为听众不可能不知道负面问题。在当今的世界，听众会审视你的每个陈述并随时准备找出问题。不论你是否有意隐瞒，他们都会有所戒备。

这是你和听众之间相互制衡的另一个风险（也可以说是回报），它会映射出你给别人留下的印象，以及别人看你的方式。

听众厌恶演讲者隐瞒负面信息

我曾经和一家生物科技公司有过合作。这家公司的财务模式在债务负担方面有一个很小的违规问题。这个问题看起来没什么，实际上也微不足道，而且它和公司的产品研发及发展潜力没有任何关系。我听了他们的融资演说，公司CEO刚刚说完，观众就提出了大量关于公司债务及其结构的问题。

这些问题让这位CEO措手不及，甚至有些恼火。他的回答透着不屑，还很敷衍。所以，接下来的提问几乎都围绕着这个问题，没完没了。他回答了11个关于公司财务和债务的问题之后，才有人开始询问他们新研制的偏头痛药品，而这才是他整个演讲的中心点。

我不是什么财务天才，相比医学突破，一个公司的债务问题是次要的，二者无法相提并论。可是，当我在会后和几个投资人代表沟通的时候，很多人都说了"我不信任他"或"他可能有幕后操作"之类的话。

你一定在《鲨鱼坦克》中看到过这种情形。马克·库班（Mark Cuban）提出一个和推介演说没什么关系的问题后，各种问题纷至沓来。这是节目的剪辑效果，给观众一种马克突然发难并让创业者措手不及的感觉。事实上，在拍摄期间还有很长的一段问答环节，但它们在节目最终播出时被剪掉了。马克总是在搜寻"他们还有什么没告诉我们"。

我曾经和马克合作过一个有趣的电视节目，他当时告诉我："钱不重要，我看重人。如果我发现他们在隐瞒信息或故意对负面信息避而不谈，他们就不是我要找的合作伙伴。"

可惜的是，这位CEO的做法让听众误以为他在故意隐瞒问题。我知道：他并没有这么想，只是坚信这和他的演说没什么关系。他对公司的产品和价值满怀热情，因此觉得不应该把时间浪费在讨论这个在下一轮融资中就可以轻易解决的小小财务意外上。实际上，我觉得他很幸运。作为一家上市公司的CEO，他必然知道自己有披露公司重要信息的义务，因此他无论如何都应该向听众说明这些情况。上市公司就得这么做。如果听众不要求他说明这个问题，那么我敢保证他自己也不会说，而这种情况更糟。因为只要投资者认真研究了公司细节，他们就早晚都会看到这个问题。

如果投资者在事后发现了这个问题，他们就会以为这家公司在刻意隐瞒这一信息。听众不喜欢你粉饰负面信息。如果你故意隐藏问题，那么他们会鄙视这种做法。无论你是否想隐瞒问题，如果听众认为你是在故意避开某些东西，他们就会对你展示过的一切都产生怀疑。

我要求这位CEO尝试在演说中提及债务问题，并在前3分钟内把它说清楚。我希望他能够在别人纠结这个问题之前将其解决掉。他不太愿意，但我坚持认为：他可以利用这个机会解释公司的保守财务政策，虽然这个问题会在短期内给公司造成财务压力，但他们已经准备好进入下一阶段。这符合公司的核心价值。

我向他承诺，他如果这样做了就不会在提问环节被刨根问底。实际上，第一个问题就和债务融资有关，但这位投资者问的是他是否接受投资并从提问者的公司得到筹款再融资！相比之前的提问，这是180度的大转弯！投资者把这个问题看作机会，而非缺陷。现在没有人认为他是在掩盖或逃避问题。

所以，考虑一下你不希望听众知道什么，然后找出那个明显的潜

第十章 善用负面信息

在问题。现在，看看你的价值陈述中是否有几条可以证明这个问题并不严重。它们将成为你的道具（因为它们能支持你的问题）。

你可以假设听众正在提出一个你不希望听到的问题。你会在演讲中运用什么元素来捍卫自己？你的哪条价值陈述能有力地解决这个问题？

你可以针对WHAC分类中"你确定吗？"这部分中关于事实、数据、逻辑和推理的信息进行提问。你应该在演说中对这些信息进行验证，利用演说的机会告诉听众这些问题并不算是真正的问题。

现在回想一下我们为承办摔跤狂热大赛所做的推介演说，我们的弊端是体育场是全新的。没错，崭新明亮是好事，但新体育场有成长阵痛，让将近9万粉丝一起承受成长阵痛并不是什么好事。

所以说，文斯·麦克马洪不可能没考虑到这点，也不可能对此不闻不问。所以，帕拉格在谈到球场的规模时提到了启用体育场时遇到的一些成长阵痛，讲了混乱、异议和意外情况的可能性。

当然，文斯·麦克马洪相信，一个斥资20亿美元建成的体育场，一个承办盛大的NFL赛事以及其他国际大型赛事的体育场，一定会竭尽所能保证比赛顺利进行。不过，帕拉格先发制人，提出这些问题，打消了麦克马洪在这方面的潜在担忧。不仅如此，帕拉格还由此更详细地说明了体育场在硬件设施和技术方面的优势。

所以，你要找准时机，把潜在的阻力放到自己的演讲中。你可以在恰当的时机说"我们惊讶地发现……""我们仍然纠结……""我们在努力避免……""我们正在解决的问题是……""我们最初的担忧是……"。

这是一个简单有效的方法。请放心使用它，别怕自己陷在其中而不可自拔。你不会出什么问题。如果你的想法中的潜在阻力会影响交易的话，你就不可能还去推介你的创意。你一定要相信它的优势大于劣势，足以让问题变得微不足道。你需要坚信，如果你能让听众看到你的视角和考量，他们就会赞成你的想法。

我让我所有的私人客户都做过这项练习。在回答"你在哪方面做得不好？""你的弱点是什么？""你在哪方面需要提升？"这种面试问题时，他们有时候会瞎编一个缺点，敷衍了事。

每当听到诸如"我工作太过努力"或"我是个爱拖延的完美主义者"之类的回答时，我心里就会说"胡扯"，这种回答让他们在求职时更难被雇用。

当你毫不掩饰地承认劣势时，它反而会放出光芒，让你展现出自信。听众会强烈感受到你对自己业务、产品或服务的信心，以至即便有负面问题也没关系，因为它们可以随时得到解决。

好了，现在准备好大整合了吗？

到目前为止，我们已经梳理了价值陈述，确定了"钩子"，找到了成就"锋刃"的故事。我们按照 WHAC 的顺序整理了你的故事，还确定了能够借力的劣势。

现在跟我一起看看如何从头开始准备推介演说，到底怎样在具体情况中使用这些方法并检验你的推介演说的效果。

第十一章

你的 3 分钟演说

在我动笔写这一章内容的时候，我听说我的一个朋友（也是我的客户）刚刚为他新开发的App拿下了1 000万美元的融资。前一阵，他刚和我打磨过他的3分钟推介演说，这个结果让我非常欣慰。所以，我希望带你看看我们是如何从草稿开始搭建起他的3分钟推介演说的，你也可以看看该如何准备你的3分钟推介演说。

这是一个叫作"自由鸟"的App。它的概念比较简单，包含了很多零散的信息。我们准备这个推介演说的过程如下。

库尔特·布伦德林格（Kurt Brendlinger）坐在我的办公室，开心地咧着嘴向我讲述他的创意。他为了打造一款App，已经把手头那点钱都花在了程序开发上，而且一直努力想把创意变成现实。

他准备了非常详尽的内容，给我描述了各种事实、数据、选项和术语。他说完之后，满脸兴奋。他以为自己的演示一清二楚，我会手舞足蹈地和他一起分享喜悦。

可是，他的演示并不清楚，我也没有欢呼雀跃。然后，我们一起分析了他的推介内容，仔细研究了他的App到底是什么以及如何操作等问题。在理解了他的想法后，我开始兴奋起来。我让他说说他的灵感来源。

库尔特在打高尔夫球的时候想到要打造"自由鸟"程序。一次，他在高尔夫球场上向一位女服务生寻求晚餐建议，她给出了镇上的三个地方。然后库尔特问："哪个是你最喜欢的？"

她回答："我喜欢杰斯特餐厅。"

"为什么？"

"因为这家饭店为顾客报销优步的车费。"

灵感的火花由此而来。库尔特开发的就是这样一款App，为餐厅和酒吧提供顾客接送服务。

在构想了这款App的基本概念之后，库尔特进行了一些测试，创建了一些模型。他做了研究，独立完成了大量工作。现在，他需要筹集资金。我欣然同意帮他准备推介演说。我们从便利贴和白板练习开始。图11-1所示的这些内容，基本上照搬了我办公室白板上的笔记。

优步	餐厅	酒吧	免费乘车
千禧一代	广告宣传	吸引顾客	App服务
信用卡	报销	开放源代码	指定区域
付钱的顾客	饮酒	三五成群	安全性
顺风车	信息跟踪	积分	行为
乘车预算	奖品和奖励	区域半径	非自愿的观众
自包含	所有搭乘	品牌	直接营销
增加酒吧消费	任何服务		

图11-1 "自由鸟"App创意关键词

整理好关键词之后，我们开始梳理陈述。

陈 述

- 优步——优步和来福车（Lyft）每晚提供数百万次乘车服务。
- 餐厅——顾客晚上搭乘优步前往餐厅。
- 酒吧——顾客搭乘优步到酒吧，因此不会酒后自驾回家。
- 免费乘车——酒吧或餐厅为潜在顾客提供免费乘车服务。
- 千禧一代——他们比其他人都更常使用优步服务。
- 广告宣传——酒吧和餐厅可以向潜在顾客进行推广。
- 吸引顾客——提供免费乘车服务，可以吸引潜在顾客。
- App服务——全部通过手机App完成。
- 信用卡——我们跟踪信用卡消费记录。
- 报销——顾客消费后可报销乘车费用。
- 开放源代码——优步和来福车提供开放代码。
- 指定区域——酒吧可以设置吸引顾客的区域。
- 付钱的顾客——在酒吧消费的顾客才能免费乘车。
- 饮酒——人们不开车时会喝更多酒。
- 三五成群——吸引朋友共享优步服务。
- 安全性——免费服务鼓励更多人使用。
- 顺风车——晚上出门的人都考虑使用优步或来福车。
- 信息跟踪——我们知道用户的去向和消费情况。
- 积分——我们向使用服务的人提供奖励。

- 行为——顾客须在店内消费才能免费乘车。
- 乘车预算——酒吧可以为每次免费乘车设置预算。
- 奖品和奖励——我们为每次搭乘提供赞助商奖励。
- 区域半径——区域半径决定预算。
- 非自愿的观众——顾客要在别人驾驶的车内待一段时间。
- 自包含——该App推荐优步并支持App内直接付款。
- 所有搭乘——非赞助商提供的搭乘也能赚取积分。
- 品牌——其他广告商可以进行推广或提供奖品。
- 直接营销——该App可直接向顾客提供服务。
- 增加酒吧消费——搭乘优步等交通工具而不是自驾到酒吧的顾客饮酒更多,消费也更多。
- 任何服务——不论是选择优步、来福车、出租车,还是其他交通工具,顾客在酒吧享受的服务都一样。

接下来,我们把这些陈述进行分类。

信 息

- 优步——优步和来福车每晚提供上百万次乘车服务。
- 餐厅——顾客晚上搭乘优步前往餐厅。
- 酒吧——顾客乘坐优步到酒吧,因此不会酒后自驾回家。
- 免费乘车——酒吧或餐厅为潜在顾客提供免费乘车服务。
- 广告宣传——酒吧和餐厅可以向潜在顾客推广。

- 吸引顾客——提供免费乘车服务，可以吸引潜在顾客。
- App 服务——全部通过手机 App 完成。
- 报销——顾客消费后可报销乘车费用。
- 付钱的顾客——在酒吧消费的顾客才能免费乘车。
- 乘车预算——酒吧可以为每次免费乘车设置预算。
- 奖品和奖励——我们为每次搭乘提供赞助商奖励。
- 区域半径——区域半径决定预算。
- 行为——顾客须在店内消费才能免费乘车。
- 自包含——该 App 推荐优步并支持 App 内直接付款。

要 约

- 千禧一代——他们比其他人更常使用优步服务。
- 信用卡——我们跟踪信用卡消费情况。
- 开放源代码——优步和来福车提供开放代码。
- 指定区域——酒吧可以设置吸引顾客的区域。
- 饮酒——人们不开车时会喝更多酒。
- 三五成群——吸引朋友共享优步服务。
- 安全性——免费服务鼓励更多人使用。
- 顺风车——晚上出门的人都考虑使用优步或来福车。
- 信息跟踪——我们知道用户的去向和消费情况。
- 积分——我们向使用服务的人提供奖励。
- 非自愿的观众——顾客要在别人驾驶的车内待一段时间。

- 所有搭乘——非赞助商提供的乘车也能赚取积分。
- 品牌——其他广告商可以进行推广或提供奖品。
- 直接营销——该App可直接向顾客提供服务。
- 增加酒吧消费——搭乘优步等交通工具而不是自驾到酒吧的顾客饮酒更多，消费也更多。
- 任何服务——不论是选择优步、来福车、出租车还是其他交通工具，顾客在酒吧享受的服务都一样。

前后内容

接下来，我们进行一些前后顺序调整。

- 餐厅——顾客晚上搭乘优步前往餐厅。
- 酒吧——顾客搭乘优步到酒吧，因此不会酒后自驾回家。
- 优步——优步和来福车每晚提供上百万次乘车服务。
- 免费乘车——酒吧或餐厅为潜在顾客提供免费乘车服务。
- 吸引顾客——提供免费乘车服务，可以吸引潜在顾客。
- App服务——全部通过手机App完成。
- 自包含——该App推荐优步并支持App内直接付款。
- 付钱的顾客——在酒吧消费的顾客才能免费乘车。
- 报销——顾客消费后可报销乘车费用。
- 行为——顾客须在店内消费才能免费乘车。
- 乘车预算——酒吧可以为每次免费乘车设置预算。

- 区域半径——区域半径决定预算。
- 奖品和奖励——我们为每次搭乘提供赞助商奖励。
- 广告宣传——酒吧和餐厅可以向潜在顾客进行推广。

接着，我们来通过WHAC分类法筛选核心信息，梳理内容并找到"钩子"。

它是什么

"自由鸟"是一款让酒吧和餐厅为顾客支付优步或来福车车费的App。酒吧和餐厅老板向晚上到他们店里消费的顾客提供免费乘车服务。顾客打开App可以看到哪家店会为他们报销车费，然后选择地点，他们在那家店里消费后就能报销车费。酒吧和餐厅并不需要支付推广费用，而是把钱直接花在到店消费的顾客身上。

我们把使用App的流程列在"它是什么"一类中，而不是"它如何操作"中，因为如何操作的问题其实是关于这款App怎样帮助餐厅或酒吧增加收入的。App的卖点在于顾客打开App后获得免费乘车服务。

它如何操作

虽然这款App用起来毫无违和感，但顾客必须在酒吧消费才能免费乘车。"自由鸟"直接连接到顾客的优步App，这样他们就可以像往常一样直接选择优步出行并完成付款。"自由鸟"可以追踪乘车费用，当顾客在餐厅或酒吧消费后，乘车费用将随即退回他们的账户。因此，餐厅可以设置免费乘车的预算，而且也能确保每个新顾客都会把那份钱花在他们的酒吧或餐厅。顾客可以免费乘车，酒吧和餐厅也可以收获前来花钱的顾客，"自由鸟"则收取佣金。

你确定吗

酒吧和餐厅通过"自由鸟"App设置免费乘车次数，控制潜在顾客的到店时段和真实消费。在酒吧或餐厅繁忙的时候，它们可能会提供很少甚至不提供免费乘车这种激励性服务。而当生意比较清闲时，它们会调高预算，"吸引"新顾客。研究表明，使用优步服务的顾客在酒吧和餐厅的消费比自驾前来的顾客高20%。通过激励顾客使用乘车服务，酒吧和餐厅能吸引来高消费的顾客。

你能做到吗

优步和来福车都开放了API（App编程接口）架构，允许第三方App直接使用其平台。"自由鸟"App直接与顾客的优步或来福车账户连接，因此我们可以跟踪顾客的乘车情况并将其与他们的信用卡消费关联。这种连接对用户来说毫不违和，但酒吧或餐厅可以确保它们只为在店内消费的顾客支付乘车费用。

一旦搭建起基本架构，将有价值的元素按顺序排列好，我们就可以开始构建故事框架，把每个想法串联起来。

"钩子"

我们之前说到，"钩子"是听众在听到、读到或看到你的演讲时反复琢磨的信息。"自由鸟"的"钩子"是顾客只有在酒吧或餐厅消费才能获得免费乘车服务。它的特别之处在于能够确保顾客为享受免费乘车而消费，尤其是在优步平均乘车费用为9美元，而店内人均消费为26美元的情况下。

"钩子"："自由鸟"帮你找到顾客，接他们到你的店里，然后确保他们在店内消费，享受免费乘车服务。

"锋刃"和劣势

确定"锋刃"和劣势并把二者联系起来很容易。虽然这个想法遇到的阻力比较大，但很明确，以至一旦排除了这个阻力，库尔特的创意就能绝处逢生，柳暗花明。

库尔特讲了一个故事，描述他早期如何纠结，不知道自己在为潜在顾客支付了去餐厅的车费后，如何确保他们真正进入餐厅消费。他谈到在早期的测试中，顾客会进入测试餐厅等朋友，等见面后就一起离开。这样的话，这款App实际上沦为了一个付费广告，而餐厅只能被动地等待那些确实是来消费的顾客。

然而，当他们发现了信用卡抓取技术后，一切都变了。有了这项技术，"自由鸟"就可以从酒吧或餐厅获取信用卡数据，查找与顾客信用卡号匹配的信息，并在找到匹配项后自动完成报销。

"锋刃"："自由鸟"做的不是顺风车业务，而是车费报销业务。

一旦我们有了基本结构，其他所有部分和要素就能各归其位。

我们删掉了大量口号式的语言和想法，因为我们必须相信听众的领悟力。我们虽然知道商家为顾客支付车费听起来有点不切实际，但能够借用乘车共享经济的规模和范围来说明这个想法的巨大潜力，而无须先论述后证明。下一章会讲到演讲的开场和结尾，你可以进一步了解。

我的网站上有"自由鸟"推介演说的原始版和完整版以及宣传视频，还有库尔特向风投公司推介"自由鸟"的视频。这个3分钟推介演说棒极了，我建议你看一看。你可以特别关注一下库尔特的幻灯片的简洁性，这将有助于你对后面"如何使用PPT"一章内容的理解。

这就是为你的业务或创意从头开始打磨演说稿到最终确定3分钟推介演说的整个过程。

全部和"接下来"有关

杰出的电视编剧和电视大亨斯蒂芬·坎内尔（Stephen Cannell）是我的好朋友，他在我职业生涯的早期教会我如何写故事。你可能不熟悉他的名字，但你一定知道他的作品。他制作过有史以来最具代表性的电视节目，包括《洛克福德档案》(The Rockford Files)、《天龙特工队》(The A-Team)、《龙虎少年队》(21 Jump Street)和《最强美国英雄》(The Greatest American Hero)。你肯定见过他标志性的电影结尾：打字机上撕下的稿纸飘然而落并形成坎内尔工作室标志中的C字母。斯蒂芬是一位了不起的编剧，他影响了影视界一些非常知名的同行，包括史蒂文·博科(Steven Bochco)、迪克·沃尔夫(Dick Wolf)和戴维·贝利萨里奥(David Bellisario)。

斯蒂芬的风格极为简单，这是一把双刃剑。他不会写前卫、颠覆性或细腻的文字。他骨子里没有这些东西，而且一直都是如此。这就是他一生创作了40余部电视连续剧的原因，因为简洁的故事和好角色总能吸引观众。当然，偶尔也会有一部像《迷失》(Lost)这样情节烧脑的作品成为热门电视节目，但这都是偶然，而《犯罪现场调查》(CSI)、《海军罪案调查处》(NCIS)、《法律与秩序》(Law & Orders)和《天龙特工队》都流行了20多年。

斯蒂芬成功的叙事风格背后有两条铁定的规则：第一条是"始终让观众知道坏蛋在干什么"（希望你用不到这条），第二条是"始终为每个场景写出'接下来'发生的故事"。

你如果看过斯蒂芬·坎内尔的电视剧或他的畅销小说（共有21本），就会发现他的故事衔接紧凑，"这个事情发生后，主人公这么做，紧接着他们到了这里，然后制订了计划，再然后……"。

他的讲述方式是线性的，循序渐进，一气呵成。你知道故事的结局是什么，你也知道问题会得到解决，因为他一直在一点点地输出信息。当情节到达故事高潮的时候，你即使已经猜到结局也依然会全情投入，因此你迫切希望看到预期的结果。你曾经多少次在切换电视频道之后，发现自己依然会被《犯罪现场调查》或 NBC 的《日界线》（Dateline）法制节目所吸引？ 它们是运用"接下来"叙事方式的佼佼者。

演讲中别学塔伦蒂诺

我是昆廷·塔伦蒂诺（Quentin Tarantino）的电影《低俗小说》（Pulp Fiction）的忠实粉丝，或许你也是。这部电影彻底打破了上述那种紧凑的叙事模式，但最后也获得了成功。相比这种不按常规套路编排还获得成功的少数电影或电视节目，至少有 1 000 个节目的成功源于坚持简洁、紧凑的叙述方式。

你的故事（你的 3 分钟推介演说）就是一个直白、紧凑、清晰的"接下来"故事。

你希望听众一直紧跟着你的步伐，听完这个"接下来"故事。你希望他们自我感知故事的结局。你也想让他们对自己期待的解决方案满怀希望。你想让你的结论成为他们的结论。

我希望你也这样进行推介演说并传递信息，希望听众在你给出每个陈述并传递出每个信息之后，下意识地等待"接下来"的信息。我们所做的就是为鸟儿留下美味的面包屑，让它们一步步跟着走。

我和许多客户都曾说过："你不是 M. 奈特·沙马兰（M. Night Shyamalan），你也不是在拍摄《第六感》（The Sixth Sense）。"不要自作聪明，不要卖萌，不要埋彩蛋，也不要故意误导、制造意外，更不要打破规矩。

或许你在推介和演说方面的才能可以与昆廷·塔伦蒂诺媲美。或许你拥有打破常规的天赋，能够自成一派，获得成功。但这种可能性很小，现实更可能是你的天赋在别处，而且通过打破规则获得成功要比走一条别人验证过的路难多了。这也是我在演讲方面坚持"别学塔伦蒂诺"这条黄金准则的原因。

电话测试

这个测试有趣而疯狂，我经常让我的客户试一试。

你会发现，你自认为清晰、简洁且易于遵循的内容对其他人而言可能并非如此。

你可能没有意识到，好莱坞优秀编剧的独特之处在于他们能够向所有人清晰地传达画面、情感和故事。

你可能从未想过，每个人都会觉得自己写的剧本很棒，因为他们对故事中的所有人物动机和情感都一清二楚。作者对自己笔下的各个角色、起承转合和故事元素都了如指掌。

但是！并非所有的编剧都能让观众像他们一样了解故事和角色（是不是很耳熟？）。好的脚本和凑合的脚本之间的唯一区别是，读者能否按照编剧的思路了解剧情。这听起来确实很耳熟，因为本书的每一页都在强调这点。

看一下你的3分钟推介演说。我敢打赌，你切切实实地了解它、理解它、欣赏它且相信它。对你来说,它简洁明了,你甚至认为它有点过于简单。那么,让我们测试一下。

我希望你能联系一个朋友,就你的演说找他帮忙。选一位对你的推介演说一无所知甚至不知道你在做什么的人,让他听听你的推介演说。然后,让他通过电话把你的演说内容告诉另一个人,再让这个人跟第三个人讲一次,然后让最后这个听众给你回电话并把他听到的内容转述给你。

你知道会发生什么吧?

你或者你的朋友肯定在生日聚会上玩过这种传话筒的游戏。

你的心里肯定感到既害怕又兴奋。我知道你不想这么做,而且很多人会直接跳过这个练习或者只是随便找一个人讲讲,然后让他再给你讲一遍。不过,这的确是一项很好的练习,你不要错过获得真实反馈的机会。即便人们仅仅将你的演讲转述三次,你也会被最终接收到的信息反馈以及转述过程中丢失的信息量所震惊。有些在你看来非常重要的元素却在转述中传没了。没关系,你还可以调整。但你需要反馈。

我坐在客户公司的会议室里,该公司正准备筹集资金启动一个提供有关合法大麻信息的网站。将有关大麻的法律信息集中到一个方便访问的全方位服务中是一个好主意。无论你在大麻方面有什么问题,该网站都能提供答案。这家公司不卖货、不囤货,只是提供服务,相当于大麻方面的"牙医导航"(1-800-Dentist)[1]。

我先让我的客户基思(Keith,大麻信息之王)通过电话向我哥

---

1. 牙医导航是美国的一个牙医推荐网站。——译者注

哥推介自己的网站。基思给我哥哥介绍完之后，我打电话把我会议室的电话号码给了哥哥："我需要你把你所听到的内容讲给一个你的朋友，然后让他再向他的朋友介绍一次，再让他的朋友给这个号码打电话，向我转述推介内容。告诉他们这是一场比赛，我们须在一小时内接到电话。"

挂断电话后，我继续工作。45分钟后，电话铃响了，会议室顿时一片兴奋。我们按下会议室电话的扬声器。

"嘿，我是杰弗里。有人让我给你们打电话，讲讲这个创意？"杰弗里是千禧一代，他们这代人喜欢在句末用升调和问号。

"没错，杰弗里。你说吧，我们听着呢。"

杰弗里向我们介绍了一个存储信息的大麻商店，人们可以到那里随时查看信息。那里提供社交媒体服务，用户可以利用该服务来查找有关大麻行业的特定新闻。

这简直就是鸡同鸭讲，和基思所说的内容根本不一样。让我有所启发的是，有一条信息幸存下来了——1-800-DUI-HIGH的电话号码。杰弗里非常清楚，如果自己对所在州的法律有疑问或者需要联系专门研究大麻问题的律师，那么他都可以拨打这个电话。

这个测试真的很有帮助。它向我们展示了什么样的信息能够引起共鸣（人们倾向于记住他们喜欢或吸引他们的东西），而且说明基思那些在纸上看起来一目了然的想法并没有被听众所理解。

我们又做了几轮这个游戏（以至我们不得不在个人关系用尽之后，购买了200美元的星巴克礼品卡来吸引人们参与这个测试），直到基思的演讲内容被原模原样地转述出来。那通电话真是让人激动不已。

你可能会有所顾虑。我懂。在第一次为一个不认识我的观众放映电影的时候,我就是这种感觉。为了一个电视节目飞往拉斯维加斯和12个陌生人进行焦点小组活动,还得支付他们每人25美元酬劳并提供一个三明治,以便让他们为节目提意见,当时的我也有这种感觉。我讨厌这种感觉。我曾经不止一次想冒着危险去勒死某个人。

但是,直面公众和推介对象非常重要。你早晚要面对这些问题,因此最好在练习的时候就利用周围的条件进行准备。我可以向你保证,你所学到的东西一定是值得的。

做练习、打电话,必要的话,购买礼品卡。

做一次你就会上瘾。没错,第一次你会觉得头疼,当你听到人们向你转述的内容并不如你所讲的那么好、那么清晰的时候,你想尖叫一声:"你怎么这么蠢?"但是,当你最终在电话一端听到一个陌生人能完整准确地讲出你想传递的信息时,你会欢呼雀跃。这种感觉我深有体会。

第十二章

开场白、呼应和结尾

吉米·法伦隔着桌子坐在我对面。他的桌上乱七八糟，周围是各种玩具、小装置、图片和各种我叫不上名字的东西（我本来以为我的工作台就够乱了）。我们坐在他那位于纽约洛克菲勒中心（Rockefeller Center）30层的时髦办公室里，笑着回忆卡梅伦·迪亚斯和48只兔子睡在吊床里的情形。

等一下，什么？

对，你没看错：大名鼎鼎的影星卡梅伦·迪亚斯和48只兔子躺在一张吊床里。这是吉米·法伦的功劳！

吉米·法伦是绝对的演说开场大师。

本章就和开场有关。

我和吉米合作过一个叫作《奇葩纪录》（*That's a Record*）的节目。在向NBC推介这个节目的时候，我目睹了他在推介演说中的精彩开场。他告诉NBC的总裁，优兔（YouTube）正在改变他及其朋友们搜索搞笑视频和综艺节目的方式。

吉米讲了卡梅伦·迪亚斯的故事。这位美国女影星看到有人在吊床里抱着兔子创造世界纪录的搞笑视频，她无法理解那竟然算是一个纪录。于是,吉米提议她在节目中打破那项纪录。就这样,卡梅伦·迪亚斯和48只可爱的小兔子躺在了吊床里。

你看过那个视频吗? 你若还没看,不妨点击https://recordsetter.com/world-record/bunnies-snuggled-with-hammock/932看看。

更重要的是,这个故事提供了节目的"存在理由"(稍后我会解释),让所有人都想了解这个节目创意。

吉米说有一家澳大利亚的广播公司看了卡梅伦·迪亚斯的视频,决定打破她的纪录。澳大利亚这家广播公司的节目走红后,吉米又让卡梅伦在节目中再次打破纪录。

之后的事情你也知道了,只要吉米的名人朋友看到优兔上的搞笑视频,就会告诉他,还会分享一些他们想要挑战的奇葩纪录。

结果,就有了一个数据库,名为创纪录者(RecordSetter,最早叫作国际纪录数据库),里面保存着各种各样的世界纪录。你只需要提交书面文件和相关证明,你的纪录就会被收入这个数据库。

于是,吉米开始每周邀请他的名人朋友和两名"创纪录者"数据库的裁判参加节目,让他们打破有趣的纪录。

这就是我们想出《奇葩纪录》的过程。

这看起来好像是刻意为之,但吉米的讲述要微妙得多,而且更巧妙。

吉米善于运用一种叫作"预先说服"(pre-suasion)的叙事和互动形式。在这种演讲过程中,你还未开始演讲,就已经对听众产生影响了。这是一种经典的好莱坞叙事方法,导演和编剧常常借助这种叙事方法让你在故事开始前就产生某种感受和想法。在我发现这个方法并开始研究它之后，它就成了我每场推介演说、演示以及我所讲的每个故事的必备要素。

我在给人做培训时常常反问听众："小鹿斑比的妈妈为什么在电影刚开始就死了？"

迪士尼完全可以营造一个轻松的开场，比如说斑比迷路了，而不用提及它妈妈命悬一线，或者晚点再把悲伤的情节呈现出来。但悲伤的开场立即将观众的情绪带入了推进故事所需要的状态。斑比的妈妈和故事本身没有关系。回想一下，斑比的妈妈去世后，它的生命之旅才真正开始。

以我最喜欢的电影《勇敢的心》为例。电影的开场是威廉·华莱士（William Wallace）的父亲率军出征抗击英军，在战斗中牺牲了。这样的开场让我们有了期待，等着这位少年回归并拯救他的国家。

这就是预先说服。

这是吉米·法伦的强项，因为喜剧演员几乎在所有的笑话中都会用到预先说服。他们在抛出笑点之前就设定好了情境，预测到了你的想法。许多喜剧都和小故事有关，说明它们掌握了预先说服的艺术。

在我们推介《奇葩纪录》的时候，吉米的开场介绍就是为了让电视公司的买家觉得"我想看一下"。当你推介一个电视节目时，如果你还没开口介绍和解释节目，而买家就已经充满期待的话，那种感觉无疑非常好。吉米讲述了卡梅伦·迪亚斯和兔子的故事，透露了他的名人朋友对类似搞笑表演的兴趣。这就是他的开场介绍。

第十二章 开场白、呼应和结尾

现在，我们回头看看上一章中构建的推介演说，然后看看如何设计开场来吸引听众的兴趣。

先问问你自己，在进一步展开推介演说之前，你希望让听众预先有怎样的感受或者思考什么。为了帮你缩小范围，我建议你先想想听众最想从你的推介演说中得到什么。然后设计一个开场，让听众形成期待。

还记得我的朋友弗吉尼娅，那位马匹版爱彼迎的创始人吗？她知道投资者想赚钱。她想让投资者知道她的想法隐藏着一个巨大的商机，能打开尚未开发的市场。

就她的产品而言，推介演说的最佳开场方式应该是简短地概括爱彼迎用户快速增长所带来的好处和机会。

她的开场白的关键信息是爱彼迎的故事，以及该App在刚上线时努力让风险投资人了解其价值时遇到的问题。人们都会觉得："谁会愿意待在陌生人的房子里？"

她指出，消费者在短短的几年内就完全认可了爱彼迎的模式。在爱彼迎的影响下，共享经济已成为文化的一部分。

她现在要告诉投资者，"床和干草垛"是马匹版的爱彼迎。因为她的潜在投资者知道大众熟悉爱彼迎及其运作方式，所以消费者自然可以理解她的App，而且机会和模式都是现成的。她讲述了爱彼迎在用户端及运营端构建平台和创建系统所做的工作，说明所有繁重的工作都已经完成。现在你可以看到，有马的人都能"秒懂"。

吉米用卡梅伦、吊床和兔子的故事开场，向电视业高管们强调了优兔是新鲜事的重要来源。此处的洞见在于：吉米和他的名人朋友可以利用这一点。

存在理由

下面来看看我所说的"存在理由"是什么。存在理由告诉听众你是如何参与到这个想法或提案中的。这个问题有关你的兴趣出发点和创意来源，更为关键的是，它能体现你如何确定这是个好点子。

我们把它放到具体的事例中考虑一下。存在理由就是告诉观众："现在知道我为什么要给你讲这个人物的这个故事了吧？"

斑比的妈妈死了；威廉·华莱士的父亲死了；爱彼迎已经打开了市场；有一个搞笑的优兔视频，我们现在让卡梅伦·迪亚斯和兔子躺在吊床里。

存在理由能无声地告诉听众这值得他们关注。如果方法得当，那么它会打开听众的眼界，让他们看到前面的各种可能，让他们提前感知即将展开的故事情节。存在理由就像是喜剧表演或摇滚演唱会的序幕，让你情绪高涨，期待演出的开始。

所以，你要找到你的序幕。

开始前，你不妨问自己下面这些问题。

- 我为什么对这个项目感到兴奋？
- 我是什么时候发现这个机会的？

- 是什么成就了这个机会？
- 当我意识到它的运作方式时，我的第一个想法是什么？
- 谁打开了我的眼界，让我看到了各种可能？
- 我从哪里了解到这个项目？
- 这个想法是什么时候萌生的？
- 当我开始研究这个项目时，哪一点让我感到惊讶？

回答这些问题将帮你找到一个开场故事，设定你的存在理由。

当我与客户一起打磨演讲内容的时候，我总是会寻找其"存在理由"。它包含两个部分：

- 你什么时候觉得它好？
- 你什么时候确定它好？

第一部分是你的开场方式，第二部分是你呼应的方式，我将在稍后对此进行解释。

在做节目推介演说的时候，我会通过一个非常特别的环节来说明节目的"存在理由"。我会讲一个有关成功节目的故事，以及一些我觉得有趣或吸引人的特别的事情。我刚刚卖出了一个节目，它就是对聪明绝顶的工程技术型人才非常有用的《极速前进》（*The Amazing Race*）升级版，参与者可以在世界各地旅行。

我的推介演说是这样开场的：

我们开始时研究了一些近期热门的电视节目，发现观众对于竞技节目的期待一直在改变。这让采购方意识到节目要有一定深度。

看看《美国好声音》（*The Voice*）对《美国偶像》（*American Idol*）的影响：《美国偶像》选拔的是才华横溢的民间高手，而《美国好声音》选拔的是天籁之音。《赤裸与恐惧》（*Naked and Afraid*）模仿《幸存者》，引入了专家的参与。《美国忍者勇士》（*American Ninja Warrior*）就是《勇敢向前冲》（*Wipeout*）的翻版，只是让专业人士完成更难的挑战赛而已。

观众在不断进化，他们希望看到激励人心的比拼。我们发现还没有节目模仿过《极速前进》。这个节目拍了30季，都是让一些倒霉蛋挣扎在世界各地。好吧，是时候升级游戏并让高手加入了。这个新节目就叫作《疯狂冲刺》（*The Mad Dash*）。

这段开场白的时长不到30秒，清楚地解释了我们制作这个节目的原因。

想想看。因为每个大型真人竞技节目都被授权制作了专家版本，所以我们要为《极速前进》打造一个。现在你知道我们为什么坐在你们办公室，我们为什么花几个月的时间找专业人士参与节目而且投入数千美元来制作节目了吧。在那间办公室里面对那家电视公司的时候，我有一个"存在理由"。

现在买方知道了我推介的目的，并且已准备好聆听和理解我的故事。我刚刚告诉他们斑比是一只小鹿，它的妈妈刚死了，它必须独自在森林中生存。接下来就是它的故事。

确定你的创意有存在理由，设计一个简介，让听众心里有数。

先从听众期待从你的提案中得到的收获出发，然后寻找那个故事，解释你是如何发现要这样呈现故事的。

这就是你的开场方式。

呼　应

既然你的提案有了存在理由，那么你肯定希望淋漓尽致地展现它的优势。如果你给出的存在理由极具说服力，你就一定会尽可能地凸显它。

3分钟推介演说的结构就提供了一个这样做的绝佳机会。

呼应是喜剧中频繁使用的方法。为了引发笑声，喜剧中的呼应总是刻意而明显的。脱口秀演员会在表演中一次又一次做出呼应。他们常常在开场时讲一个笑话，然后在整场表演中都提及那个笑话。这个开场笑话总能引人发笑，保持现场活力。

电影或电视也有这样的情节，不过由于设计微妙，观众看不出来。在一桩谋杀谜案中，呼应是一个线索（一个空牛奶瓶），你一开始并不会在意，但随着剧情的发展，它会和后面的故事产生关联；在一部浪漫喜剧中，呼应是男女主人公意识到曾经发生过的一件事——

两人在地铁上的一次偶遇，那是他们相爱的真正信号。

推介演说中的呼应就是重复你给出的存在理由并对其进行验证。你会在这个时刻说："知道我说的是什么了吧。"

这是将你的演讲与你所推介的机会连接在一起的好办法。它带着听众又上了一个台阶，告诉他们："现在你也懂了，对吧？"

3分钟推介演说的构成方式让这种呼应水到渠成。在给出了那个能够展现你的产品和创意的特殊优势的"锋刃"之后，你就可以来个呼应。一旦讲出了"锋刃"，你就会自然而然地说："啊哈，现在你懂了吧。"你希望通过呼应再次强化你的演说。

例如，在推介《酒吧救援》时，我在开场介绍中讲了电视台选择节目的标准：主持人的个性是否强烈以及专业知识是过硬。如果要让观众认同那些个性夸张的角色，那么他们必须得有真本事，要有相当的深度，否则听众会感到屏幕后的虚假、肤浅和做作。我谈到了戈登·拉姆齐如何以他好斗的风格和尖酸刻薄著称，但他肚子里有货，他是个好厨师。西蒙·考埃尔为人刻薄，但他总是对的。如果你没有真才实学，那一切都无从谈起。我见到乔恩·塔弗时，短短几分钟就确定他有能耐。

这一点在我的开场中说得非常清楚。我说我发现了一位个性强烈的天才，他虽然脾气不好，但有丰富的知识和经验。（我要提醒的是：开场的时候，一定不要说大话。我当时措辞谨慎，没有说乔恩会成为下一个戈登·拉姆齐，也没说他未来会成为电视大明星。我说能人可以脾气大、性格强势，因为他们有专业的背景。乔恩就是如此。）

现在，我们回到《酒吧救援》的推介演说。说完开场白之后，我给出了节目的"钩子"，紧接着是"锋刃"（屁股蛋碰撞通道——你一定不会忘记它吧）。在解释了什么是屁股蛋碰撞通道之后，是时候再提一下节目的存在理由了："大家看，当乔恩拿出他设计的酒吧布局图并告诉我如何利用屁股蛋碰撞通道时，我知道他并不只是脾气大，而且是真有能力。乔恩对酒吧的了解就像戈登对美食的了解一样深入。"

你能看到各个环节之间的完美契合吗？这就是呼应所产生的效果。我强调乔恩是一位经验丰富、有真才实学的专家，而且我在开场白中就是这么说的。重点是，我开始时并没有直接说出来，而是让事实和信息来证明。我不必先论述后证明。我把信息告诉观众，让他们自行领悟并得出这个结论。

拿出你开场时给出的存在理由，问问自己："我什么时候意识到自己的想法是对的？"是否有一个故事或某个时刻可以证明你对这个创意的看法和假设？发生了什么让你意识到自己的想法是真实的？

你已经有了开场白，它说明了演说的初衷。现在，用呼应来说明你对自己的想法的认可，是什么让你的内心更加坚定。

这将让你的听众体会到你在认准这个项目的时候所经历的心路历程。你希望听众像你一样感受你的合理化故事。你一路走来，成就了一个关于承诺和目标的故事。

你这一路是怎么走过来的？是因为发生的一些事情指引你参与其中，所以你现在能够和他人分享。你的推介演说就是一个故事，它讲述了你是怎么相信自己的产品或服务的。请记住：如果听众能以你的方式看待你的业务、产品或服务，他们就会像你一样对它们感兴趣。

让听众感兴趣

那么，你怎么让听众像你一样看待你的成果呢？

首先，解释你如何参与其中，如何被其打动（开场），接着讲一讲它是什么（什么）以及它如何运作（如何），然后解释你怎么知道自己没走错（你确定吗）。其次，谈谈你最大的纠结（全完了），再解释你如何克服问题以及由此带来的结果（你的"钩子"），分享这种感觉的美妙（"锋刃"），以及它如何一路引领你走到最后（呼应），以至你可以和大家分享这个过程（你能做到吗？）。

- 开场。
- 它是什么？
- 它如何运作？
- 你确定吗？
- 全完了！
- "钩子"。
- "锋刃"。
- 呼应。
- 你能做到吗？

现在，你已经创建好了故事，有了最佳的3分钟演说。

但是，布兰特，结尾怎么办

"我该怎么结尾"是我每次都会被问到的问题。在我们打磨了所有的细节、进行了巧妙的布局并微调了演说的所有元素之后，所有人都期待在结尾时一鸣惊人，华丽收场。

嘿！到七月四日（美国独立纪念日）烟花表演的高潮时刻了！准备好交响乐结束时的号角齐鸣吧！在莎士比亚悲剧的结尾，所有人都死了！

那么，3分钟演说的结尾是什么样的？怎么才能一鸣惊人？

你准备好了吗？

不。

你不需要结尾。你甚至不想结尾。

我们在推介演说中传递了所有重要信息之后，结尾实际上没有什么用了。

说白了，如果你按照本书所展示的方式构建你的演说，那么你怎么结尾都无所谓。

我以前总是用一个双关语再次点题，比如"那就是《竭尽全力》（*Run for the Money*）会成为一个热门节目（Run-away hit）的原因！"。不过，我感觉到了房间里的尴尬，这样做简直就是自找没趣。

原本一切都自然而真实，但这个勉强的结尾让人感到做作。

所以，别再多说就行了。你已经说得够多了。

你如果看过《鲨鱼坦克》，就知道总有一位创业者会说这样的话："来吧，鲨鱼们，谁来和我冒险呢？"然后，你会听到从评委席传来的叹息和冷笑声。原本选手在介绍业务和公司的时候给人留下了不错的印象，但这种蹩脚的结尾好像是在说"欧耶，我刚才的推介演说很业余"。

你绝对不希望在推介演说中说出一些让听众觉得他们是推介目标或销售对象的话。你不希望他们觉得你已经预演了1 000次这场推介演说，而且见谁都是这套说辞。如果你是在讲述故事并用点滴信息引导听众得出结论，那么你的演说本身已经积累了动能并吸引了听众的注意力。你朗朗上口的结束语并不是你的演说的高潮——你的演说早已到达了高潮。因此，不要试着在结尾玩文字游戏。

我尝试过不同的收尾技巧，但每当我刻意想出一个结束语时，其结果往往只是徒劳，并没什么额外的收效。

终于，我发现了一个效果最好的版本。那就是几乎什么也不说，根本没有结尾。

你只要关注你的前3分钟，因为永远会有说不完的内容要讲。你不需要给所有东西都配置一个结尾。

事实上，在用Prezi或PPT之类的演示文稿软件推介一个电视节目的时候，我会简单地在结尾时展示最初的节目标志，什么也不说。的确，我有时候就是什么也不说，只是停止讲话，然后展示节目标志。

这符合我的核心原则"少说多得"。我已经介绍过节目，它的运作方式以及它好在哪里，而且证明了我能让节目做起来。还有什么有价值的内容需要我说吗？没了。演说结束了，是时候要约并展开讨论了。还有问题吗？

这种"什么也不说"的做法在任何情况下都是可行的。每当你进行推介演说和演示时，你都将面临下列两种安排之一。

- 推介并要约：你向一个人或一群人进行演示，然后直接讨论。
- 推介并演示：你滔滔不绝地长时间讲述，在3分钟的标记处开始回答具体问题。这常用在公司演讲或听众人数多的时候。

在这两种情况下，你都可以不做结尾。关键是将推介阶段和要约阶段明显分开。在你结束推介演说之后，在提问或讨论之前暂停几秒。这就像是在足球比赛结束后，转播人员做赛后分析前的插播广告。

当然，你也可以这样过渡一下："好，既然你知道我讲的是什么，而且知道它如何运作以及如此运作的目的，我来回答你可能提出的问题，分享一些你可能感兴趣的其他细节。"

我曾经和一位博彩网站的CEO合作，这家网站试图与现有的博彩业巨头DraftKings和FanDuel抗衡。这位CEO是一个很有活力而且很搞笑的人，他总想在演讲中讲笑话、抖机灵。

他讲的有些笑话效果不错，但显得有些轻浮。他运营一家上市公司，因此他在演讲的时候就多了一层保障。所以，在完善他的3分钟演说时，我告诉他在结尾时只展示公司标志就够了。

"但是这不够。我还有其他的信息要讲。"他说。

"我知道，但是在你的核心的推介演说结束后加入这个清晰的间歇，能够告诉听众，你要进一步讲述细节了。"

他听从了我的建议。实际上，我合作过的所有上市公司几乎都按照这个结构进行推介。你希望给听众发出信号,告诉他们到问答环节了,不论他们有没有提出问题。你要针对他们最可能提的问题准备答案。或者,你也可以再给他们讲一些其他有趣的信息,一旦完全理解了你的概念,他们就会对此更感兴趣。

此后,你从3分钟演讲中删掉的每个价值陈述都将发挥重要作用。

你会发现如果你在演说结束后不再赘述,你会在接下来的15秒钟和听众进行最为有效的互动。你会从他们口中听到你需要知道的一切。

密切注意那些最初的时刻,它们很宝贵。

很好!你已经有了你的第一个最好而且最强大的3分钟演说。你已经掌握了万无一失的三分钟法则,现在你已经可以向人们展示它了!

让我们喘口气。

我讨厌PPT。

史蒂夫·乔布斯说:"知道自己在说什么的人不需要PPT。"我相信你知道自己在说什么,而且你很可能会借助PPT或其他软件来进行演说。其实,你不需要它,但是如果非用不可,最好确保你能用对。

我最不希望看到的是,PPT让我们所有的辛苦工作功亏一篑。相信我,这种情况确实会发生。

第十三章

少用 PPT

我们也许素未谋面，或者我对你一无所知，但我猜测你可能和我一样对PPT感到头疼。说实话，我不确定你是否和我一样，因为我真的非常讨厌PPT。

原谅我的冒昧猜测，但你如果经常使用PPT、Prezi或其他演示文稿软件，就一定也会遇到我的问题。

不过，这并不是你的错。只是因为没人给我们制定一些基本准则，让我们有章可循，所以不得不拿自己糟糕的PPT把彼此逼疯。到头来，这一切还是得怪我们自己。（没错，我就出过丑。）

我来猜猜看，你要么是照本宣科地读出PPT上的内容，而听众早就在这一页幻灯片出现后读完了上面的内容；要么是把演示内容打在屏幕上，让听众自己读，而不是听你说。我确定你把幻灯片当讲义用了。

别再这么做了！

我在做有关如何使用PPT的讲座或主旨发言时总是会问听众："在座的各位有没有图形设计师？有没有人是专门为别人制作炫酷的图片或演示文件的？"

第十三章 少用 PPT

从没有人举过手（好吧，有过一次）。

"那说明你没必要关注演讲中的图片或幻灯片。"

你如果看过我在台上做演讲，就会发现我只用黑白文本的幻灯片。不瞒你说，我有一支世界上最棒的图片和动画团队，他们的任务就是制作简单的黑白文本，仅此而已。

为什么？

我使用幻灯片是为了强调信息，并不指望它们能代替我的工作。我显然不希望它们分散听众的注意力。

见多识广的听众早就对各种演示技巧、可视化图标、白板及3D动画等把戏看得明明白白了。

就如我在本书中一直强调的，他们只想获取信息。

别误解我，有专业的幻灯片和演示过程是一件好事，它能够传递你的公司文化。不过，我从没见过哪家公司借助看似廉价又业余的幻灯片来做出简洁而有说服力的推介演讲。

情况恰恰相反。很多公司的推介演说往往只有精美、详尽的幻灯片，尽管添加了炫酷的切换和动画特效，但呈现出的信息却缺乏逻辑、一片混乱。总是如此。

我看过无数段推介演说录像，大多数都添加了各种各样的动画特效，充满扑面而来的业余感。这些花里胡哨的设计会让听众分心。

那并不是你想要的效果。

所以，我讨厌PPT。它是毁灭演讲的罪魁祸首，它会对社会造成威胁。

它让我抓狂。

我在培训早期发现，在帮助一些公司简化演说内容的同时，我不得不花大量时间帮他们梳理PPT。

对我的客户来讲，PPT就像一盏指路明灯（曾经的我也是如此），让他们不可自拔。

我曾经为了推介节目花好几个礼拜和好几千美元设计精美的PPT。每个PPT都很漂亮，但回想起来，那么做完全没有必要，而且毫无帮助。

在逐渐看到三分钟法则的力量并形成了个人演说技巧之后，我发现这些设计精美、内容详尽的演示文稿其实干扰了信息的传递。每做一场新的推介演说，我都会去掉一个切换效果或删掉一个放大特效。我跟我的团队说："把图片和文本放上就行，我不需要动图。"

随着我的演说技巧不断进步，这种PPT简化过程也在不断进化。

最终，我总结了一套可以帮助人们快速梳理PPT的准则。我觉得一定要做些什么来阻止不良PPT风气的传播。

一天，名人堂演说家杰弗里·海兹利特（Jeffrey Hayzlett）和我参加了一场活动，我在活动中提到对PPT的不满以及PPT的不当使用。杰弗里和我说："摩西只需要两块石板和十条戒律来约束他的子民，你需要更多吗？"

哇！说得真对！

所以，我把我的PPT准则称为"PPT十诫"。

你如果要用PPT辅助演说，就应该遵循这些戒律，不然我的幻影就会出现在你的眼前，让你的书在火光中化为灰烬。

懂了吗？

PPT十诫

别把幻灯片当讲义

如果读者只能在本书中读到并坚信一句话，我会选"你的讲义并不是你的幻灯片"。这句话能让整个演讲界免于堕落，因为把幻灯片当讲义是我在业内见过的最普遍的错误。讲义或"补充资料"的使用应该服务特定的目标，它们是分发给听众或者在演讲结束后留给听众的。

讲义通常内容详尽，包含大量信息。太好了！我喜欢在演讲结束后拿到厚实详尽、页面整洁的讲义。但是，当你把漂亮纸张上的内容放到幻灯片上并把它们念出来的时候，问题就出现了。这种展示方式不讨喜，也不美观。如果幻灯片上的图片和数据需要念出来才能让人理解，它们就没有任何用处。如果由于你在幻灯片上堆砌了大量信息而导致人们无法阅读，或者你展示内容的文字太小以致听众看不清楚，你就是在浪费屏幕空间，浪费你的机会。

你绝对不希望与自己的信息争夺听众的注意力。

如果你展示的是一些可以阅读的信息，人们就会提前阅读。无论如何，不要在你讲话的时候呈现阅读材料。就这么简单。你如果想用一张幻灯片展示一些作品、试验或别的内容，就删掉所有文本，仅留下标题和结论。你可以直接对图表和参数进行口头说明，那才是你的任务所在。幻灯片的作用仅在于引导观众关注你的重要内容。

重要的事情再说一次：不要在演讲的同时展示阅读材料，因为听众一定会提前阅读。这种做法会分散听众的注意力，让他们心烦意乱，甚至会导致我们在演讲流程、时机和结构上所做的一切努力都功亏一篑。如果你的讲义大方美观，你完全可以把它们高高举起，告诉听众"我会在演讲结束后把它发给大家"。

你要分清楚PPT和讲义。PPT之类的演示文稿只是你的辅助工具，而讲义的作用是强化你所说的内容。搞清它们的区别非常重要。

谨慎使用动画、切换效果和字体变化

我们生活在一个即时沟通的世界，社交媒体无处不在。因此，人们早已见惯了炫酷的切换和点击后出现的各种动画，没有人会对这些动画留下深刻印象或大加赞叹。

如果它们不能打动听众，那么你使用它们又有什么用？一个添加了飞出或溶解效果的关键词能帮你传递信息吗？不能。因此，点到为止即可。我很少在幻灯片之间使用切换效果，也很少用除了"点击出现"之外的其他文本动画。我之前说过，花里胡哨并不会让听众感到兴奋，顶多会让他们觉得你用力过猛，而且这还是在用对了的情况下。你如果过度使用特效，而且还用了一些奇怪的效果，就会得不偿失。

华丽丰富的字体变化也是如此。知名的世界品牌标志总是使用简洁的字体，这是有原因的。漂亮的字体只能说明你很刻意，别无他用。我强烈建议在PPT中只使用一种字体，最多两种。现在很容易滥用各种字体，因为PPT中的字体选择太多了。

这就是个陷阱，会让你显得愚蠢。千万别陷进去。

每当看到一盘推销录像带或一个演示文稿中堆满了动图、交替变淡效果或草书字体时，我就知道演讲者大概是外行。你不要发出那样的信号。

只有关键信息才使用幻灯片和项目符号

你不需要为你说的所有内容都建一页幻灯片或者加一个项目符号。这也是一个极为常见的错误，而且不瞒你说，我有时候也犯这种错误。我偶尔会在一页幻灯片上堆砌很多观点。此时，我不得不退一步，反问自己："这么做有助于讲好这个故事吗？"这个问题是写作术语，提醒作家反思剧本中的每个场景是否都有理有据。这是因为作者通常会全心投入自己的故事，创设场景制造紧张气氛或强化角色，但它们并不能真正推动故事发展。

规则很简单：你如果不需要它，就的确是不需要它。你需要为那些值得被看到的想法或陈述建一张幻灯片或者加一个项目符号。你的每张幻灯片，以及所有展现在屏幕上的内容，都应该有一个存在理由。

每张幻灯片最多6个单句

你不要在幻灯片上写满文本，也不要列满项目符号。在同一张幻灯片上列出十几种不同的内容，没有任何意义。每当你列出一个项目，就会吸引一次观众的注意，而你的演讲就会沦为在屏幕上展示列表的机械活动。

一张幻灯片上不要出现6个以上观点。保持幻灯片的页面整洁和观点连贯。如果你要讲一个不同的观点或者开启一个新章节，就新建一张幻灯片。一定要注意，幻灯片不应该向听众提前透露信息，你要利用项目符号强调你讲的重点，不要让它们为你陈述重点。所以，可以的话，你在演讲过程中一定要边说边呈现关键词。如果你提前列出所有关键点，然后再一一讲解，听众就会提前阅读。

你不需要使用整句，没必要在呈现关键信息时对语法吹毛求疵。它们不是用来咬文嚼字的。在演讲中罗列关键点的时候，我总是一行写一个要点。

- 完整句不重要。
- 清晰简单是关键。
- 强调观点，而非喧宾夺主。
- 你主导，不是PPT主导。
- 听众会跟着走。
- 将信息传递出去。

这看起来是不是像我在整本书中一直谈到的便利贴练习？没错！

最多10张幻灯片

如果你遵守了前四条戒律，做到这条就是自然而然的事情了。然而，你很可能会舍不得那几页你觉得有用但实际上没用的幻灯片。我的建议是，在3分钟推介演说中最多使用10张幻灯片。超过这个数量的话，就成了放映幻灯片，而不是演讲了。本章下一节的分解操作会教你如何制作10张幻灯片。

第十三章 少用PPT

在完成3分钟推介演说之后,你或许还有一些想和听众分享的内容。如果是准备主旨演讲或更长的演讲,我会尽量遵循"一分钟讲一页幻灯片"的原则。

不要照读幻灯片上的内容

每个演讲教练都会给你提这条建议,甚至会命令你:不要照读幻灯片上的内容。

你也不需要读幻灯片。这里我想稍做解释,因为我遇到过很多记不住自己3分钟演讲内容的人。实际上,我做过那么多电视节目推介演说,有时候我也不能百分之百地记住自己要讲什么。所以,这里说不要照读幻灯片,并不是让你把演说内容完全背下来。虽然这么做可能会加分不少,但也并没有必要这么做。在理想情况下,如果你遵循了PPT戒律,你的幻灯片就会非常简洁,以至你没什么可读的。把它们当作笔记就好,让关键词或一幅图片提醒你接下来说什么。

我在许多演讲中都使用这个技巧,因为我发现它能让观众关注我的思路。我经常会微微停顿,然后转向屏幕,展示我的下一张幻灯片或关键词,然后读出关键词并向听众解释背景。因为我的幻灯片和关键词都非常简短,它们就像是一个天然的"面包屑线索",引导我的演说思路。我现在总是把PPT用作我的注意力引导工具,引导观众,让他们关注我接下来的讲述。

你不要照读幻灯片上的内容,如果一定要读的话,就要利用你所读出的内容让听众按照你的节奏和顺序去关注每个要点。

一幅图胜过1 000个关键词

　　我见过一些演示，幻灯片上没有任何文本，却依然非常生动有趣。如果你可以展示图片并进行解说，那么效果会比展示密密麻麻的文字好多了。展示一张仓库的照片，辅以口头描述，要比在幻灯片上列出仓库的空间尺寸和各种设施清楚多了。

　　人们能够快速接受视觉信息，因此，在看了一张图片之后，听众能够很快理解你的信息。相比文字，图片能够更好地传递想法。你如果有合适的图片，就不需要文字。

　　话虽如此，图片的选择也要符合简洁和相关的原则。你不能在前3分钟的演说中就甩出30张图片，你也不用讲一个关键点就配一张图片。用一张图片代替一张幻灯片上的所有或大部分关键信息。图片的作用是给人直观的感受，而不是用来占地方的。

别担心留白

　　你不需要在演讲的每分每秒都配一张幻灯片。在主旨演讲中，我经常只在屏幕上展示一个象征性的标志或者就展示一个空屏，以此引导听众看哪里以及关注什么。我会在演说的每时每刻都这样做。听众没有时间，也没有机会看到或读到一些我不想让他们看的东西。如果我不直接讲解屏幕上展示的文字或图像，屏幕上就不会显示任何内容。这样就可以引导听众在我说话时关注我，而在我展示幻灯片的时候关注屏幕。这么做会让一切变得更加从容和紧凑，观众也愿意在你的PPT引导下听你的演说。

　　因此，请充分利用幻灯片上的空间。你如果觉得有的地方不需要图片或文字，就放上你们的公司标志或仅仅留一片空白。你会发现跟在这些空白页面后的那张幻灯片会跃然出现。利用好那一刻。

控制节奏

在使用 PPT 的时候，你说话的速度会变快。起初可能不太明显，但是相信我，事实确实如此。因为幻灯片会让你觉得自己必须"向前赶"，所以你开始被它们牵着鼻子走。你之所以会着急，因为你还有下一页幻灯片要讲。

计算一下你不用 PPT 时的演讲用时，然后再算一下使用幻灯片时的演讲用时。前一种情况要比后一种情况多出 10%~15%。如果你能正确使用幻灯片，它们将成为演说的一部分，与你形成互动。

如果你发现使用幻灯片让你的说话速度加快，那么你需要在幻灯片中找到你忽略的元素。你可能会发现一些需要拓展的关键词。我发现客户经常会在幻灯片上为一个重点想法加项目符号，但因为他们在演讲中会错误地把这个想法看成需要简化的内容，反而将其一带而过。

记住，我们要根据推介演说制作 PPT，而不是反其道而行之。不要让 PPT 引导或决定你说什么或怎么说。

知道要说什么的人不需要 PPT

史蒂夫·乔布斯或许说过这句话，不过在罗伯特·加斯金斯（Robert Gaskins）发明 PPT 之前，我的身为职业推销员的父亲就一直遵循这一理念。你的 PPT 一定是帮你锦上添花，它并不是你的拐杖。

有太多人把PPT当成他们讲述故事或传递信息的工具，这样的演讲效果不可能好。很多大公司的CEO都禁止员工在会议中使用PPT做演示。为什么？因为PPT被用作拐杖时只是重复了演说内容，毫无新意。没有人想坐在那里一场接一场地看PPT演示。听众希望的是你高效地传递信息，而使用PPT的前提就是它能帮助你做到这一点。

老实说，我现在已经不怎么用PPT了。我会在演说时带上激发我灵感的一本书、一盘录像带或一篇文章。我能清晰有效地传递我的想法，以至使用PPT显得多余。只有当PPT真正有助于我的演说或我需要说明一些细节的时候，我才会使用它们。

你的3分钟和PPT

了解了PPT十诫之后，希望你可以回头重新再把它们读一遍，因为它们真的很重要。

至今为止，我还没有看到客户或任何其他人能一次就做出足够简练的PPT。这个过程就像是和导演一起打磨一部电影一样。它们在每个镜头上都投入了大量精力，让他们做删减就像是逼他们舍掉自己的孩子一样艰难。

为了让有些人了解简化PPT的意义，我不得不做大量工作，为之付出的努力完全不亚于我让他们简化演说信息时的辛苦。

那就再读一遍PPT十诫吧。

现在你已经接受PPT十诫，让我们看看该如何为你的3分钟推介演说制作PPT。

第十三章　少用PPT

在准备推介演说的时候，我们已充分挖掘了你的业务、产品或服务的所有价值，并将其摆在了头等重要的位置。现在你要处理的已经是精华中的精华了，它们是你的全明星阵容。

现在，我们将用PPT强调和突出你最有价值的观点，让它们易于理解，从而体现你的优势。PPT是你的边锋，如果你是迈克尔·乔丹，它就是斯科蒂·皮蓬；如果你是柯克船长，它就是斯波克先生。你们让彼此更加强大！

首先，看看我为你提供的操作大纲。

- 开场 = 1张幻灯片——展示那个给你"存在理由"的事实或图片，告诉听众你今天为何站在这里。
- 它是什么？= 2张幻灯片——在第一张幻灯片上展示你的一句话简介或者最能说明产品的一句话。例如，"自由鸟"是一款让酒吧、餐馆或夜店为客户支付优步和来福车费用的App。在第二张PPT上列出三四条其他信息。
- 它如何运作？= 2张幻灯片——可以在此处输入一些清晰明了的关键词，也可以使用列表描述具体功能。
- 你确定吗？= 1张幻灯片——这里通常用一个简单列表就可以。你不需要弄好几张幻灯片给出详细的数据。你只需放一张图表，然后做出口头解释。听众感兴趣的话会主动找证据并进行深入了解。
- "全完了"瞬间 = 1张幻灯片（可选）——你如果有需要解释的负面问题，那么可以把它放在幻灯片上加以澄清。这可以说明你已经着手解决问题，而且有信心和能力克服它。
- "钩子" = 1张幻灯片——用一张简单的幻灯片强调并概括那件能串联起所有信息的事情。
- "锋刃" = 1张幻灯片——我总是尽量找一张图片放到这里，说明那个打动我的时刻。在《酒吧救援》的推介演说中，我在一张幻灯片里插入了乔恩画的一张酒吧设计图，其中有一个大箭头指向"屁股蛋碰撞通道"。
- 呼应 = 0张幻灯片——你应该很想用一张幻灯片告诉观众"我曾说过"，切忌这样做。你希望向听众证明你说的是实话。比如，你可能在做完推介后，忍不住想说"你懂我的意思了吧？"。如果你为此放上一张幻灯片，听众就会失去"恍然大悟"的感觉，觉得你是在向他们推销。
- 你可以做到吗？ = 1张幻灯片（可选）——如果你了解听众或者他们认识你，抑或你的操作方法是明摆着的，那么你就不需要在这里放一张幻灯片。你可以稍加说明，轻松带过。我在推介电视节目的时候，从来不会在幻灯片上介绍我怎么制作节目，除非它有特别之处（不过，即便如此，我也可能会把它放到"你确定吗"部分）。

所有节目采购人都认识我。他们知道我能做出节目，也清楚我会怎么做。我如果想让他们知道我们的制作费用合理，那么也会讲讲预算。不过，我不会放一张幻灯片，写上"每集不超过70万美元"。没必要这么做，我直接口头说明就行了。

这就是3分钟推介演说的基本框架，不超过10张幻灯片。每张幻灯片都在协助你传递信息，而且对演讲做了有益的补充。

现在退后一步，思考一分钟。我敢肯定，你听人们用PPT向你推介过很多东西。假若你每次看到的PPT演示都只有10张幻灯片，而且上面都是简洁的关键词和图片，你会是什么感觉？老实说，如果我们都遵守这些准则，世界会变得多好啊！

父亲的考验

我父亲一生从事销售工作。大概是从他那里学到的东西帮助我一路走到现在。他曾在牙科行业的一家制药公司工作。这份工作需要到各地出差，目的是让保险公司承保一种新的治疗方法。大概意思是，如果保险公司为所有客户支付这种治疗费用，那么它们在牙科索赔上的支出会减少。这次推介演说有些复杂，因为这种治疗的工作原理会涉及一些医学术语和牙科知识。不过，你如果明白了治疗原理，就可以算出节省下的成本。

我父亲有一次专程飞到多伦多，准备和业内一家大保险公司会面。他在当地租了一辆车，在入住酒店之前，把车停在半路，去吃了点东西。在他吃早餐时，车窗被砸，他的所有行李，包括演讲材料都被盗了。

这是PPT问世前几年发生的事情，因此我父亲演讲用的都是自己手工做的幻灯片和投影仪。而且，他不可能说"用电子邮件把文件发给我，我到联邦快递再打印一份"。那时候还没有电子邮件。

当时的情况是"下午3点要开会,你却两手空空,丢失了开会必须用的材料"。

我父亲只能硬着头皮去参加会议。他甚至没有西装,还穿着便服。

他进入会议室后向8名高管解释了情况,表达了歉意,但没办法,事情已经发生了。他开始介绍业务,解释治疗方法及工作原理。由于手头没有可以展示的临床试验图表和化合物图,所以他只能尽其所能进行总结,给出自己牢记在心的试验结果和所有重要细节。高管们面前没有任何可以翻阅的文件或讲义,他们只是听着,进行眼神交流。

你大概猜到了结果。

当他的演讲结束时,高管们已经意向明确,他们表达了合作意愿而且想要了解更多细节。这次演讲的效果显然比平时好多了。

面对这样的反应,我的父亲大感意外。当意识到自己要两手空空地参加会议时,他曾急得满头大汗,几乎是惊慌失措,但是他在走出会场时自信满满。他经常说这是他职业生涯中最好的一场演说。

从那时起,他开始在演说结束后才分发演说讲义(不过他总会穿西装),这样他就可以在观众研究材料之前一气呵成地进行演说。

这是一个很好的考验。如果你不借助任何视觉工具或PPT的帮助就能清楚地进行3分钟推介演说,那么你一定是对演说胸有成竹,而且你所讲的内容也必须经得起推敲。

你如果已经掌握了本书所述的步骤,那么应该感到更加自信。这很容易。

第十三章 少用 PPT

看看你的PPT。它能让你的演说充分发挥价值吗? 你的演说是否在PPT的辅助下明显更好了? 否则的话, 就继续打磨你的PPT, 直到你觉得幻灯片和图片起到了积极作用为止。当那个甜蜜点到来时, 你马上就会知道。

大功告成! 现在是时候完成交易了, 对吗?

错。

第十四章

你涂口红了吗?

"布兰特，你涂口红了吗？"有一天，我母亲突然这么问我，不过她并不是说我在男扮女装。

她说的是我给她看的一部演示稿。上面有很多花哨的图片和夸张的文本效果，但所要表达的信息却不够清晰。

我母亲总是说："信息的传递方式远不如信息本身重要。"

在当今的商界，如果你不能恰当呈现你的推介演说，那么仅凭大量演示技巧不可能拿下订单。如果你的演说足够好，你就根本不需要下表面功夫。我们以前学过的那些关于话术和销售过程的技巧大部分已经被信息时代淘汰了。事实上，一些常用的风格、做法和"敲单"技巧甚至会影响信息的传递。

你的个人风格和表达方式起不起作用是一回事，但如果它们扰乱你的演说就是另一回事了。

这是本书的最后一章，我会依然坚持我的使命，帮你在每次进行推介演说或演示的时候根除这个问题。我在完善PPT的过程中一直不懈努力，在追求简洁清晰的路上也是义无反顾。

如果到目前为止，即使你在创建演示文稿的时候每一步都做对了，

第十四章 你涂口红了吗?

展示出了最好、最有力的信息,那你也依然有可能搞砸演讲。让我们看看怎么避免这个问题。

我对简洁清晰的追求开始于10年前,当时我决定从电视电影制片人转型为教练和演讲家。

我当时在为三球制片公司(3 Ball Productions)制作节目。那时候电视业务蓬勃发展,我们的销售量呈爆炸式增长。《餐厅》(The Restaurant)在NBC播得很好,《学徒》的收视率也不错。《幽灵猎人》(Ghost Hunters)和《美国斩波器》(American Choppers)也是大热门。

所有这些热门节目的周边业务都做得很好,在正常的电视制作周期之外衍生了大量的版权交易、产品线和巡回演出的机会。人人都在赚钱,我们也想参与其中。

《超级减肥王》是我们当时最热门的节目。它掀起了一场营销热潮,饮食计划、健身器材及各种与电视无关的收入源源不断地涌入公司账户。

我们聘请了一位业务发展负责人,为我们推出的每个节目挖掘尽可能多的商机。他叫库尔特,能力超强。在最初的几个月中,他就让沃尔玛(Walmart)大手笔投资了《改头换面:减肥版》的周边产品。他工作起来如饥似渴,我们雄心勃勃,而且市场业已成熟。

一天,库尔特和我说:"我正在搞一件大事。"

"好,我喜欢有价值的想法,说来听听。"

"我们将寻找下一个超级推销员,就像《学徒》那样,但针对的是销售人员。"他兴奋地说道。

他可以看出我不冷不热的回应。"呃，我们已经谈论过这个想法。它没什么特别的。人们并不渴望成为推销员。"

"你疯了，"他反驳道，"60%的工作都和销售有关。每个人都在卖东西！市场很大！"

"嗯，我觉得我卖不出这个节目。"我仍然皱着眉头。

他继续说道："先别想节目效果，那只占很小一部分。我们可以在课程、系统以及企业培训上赚到更多钱，与之比起来，节目反而是加餐。我们大不了付钱给广播公司，让它们播放节目。"

这时，我被他的话打动了。

"我已经有了人选，他可以将我刚才说的付诸实际。"他高兴地咧着嘴说。

库尔特解释道，他找到了一名优秀的公司销售培训师，长相也足够上镜，而且愿意让我们跟踪所有的环节。

"他将变身主持人，培训和评价12名国内最佳销售员，就像《学徒》那样。每周我们都会提供一个公司的指定产品让参赛者销售。销量最高的人将获胜！"

我接着他的话说："每个星期我们都会介绍一家想要推广新产品的赞助商，然后让我们的培训师教选手如何销售这款产品。"

"是的！"他兴奋地说，"施乐公司（Xerox）会花大价钱上节目，因为12名选手将会为了卖出它们的新机器而设计出最佳方法。但这只是故事的一半。"

"还有呢？！"我问道。

"赞助商必须在加入节目时同意聘用我们的人来培训他们公司的整

第十四章 你涂口红了吗？

个销售团队。这是赞助商套餐的一部分。我们将开发一系列教学DVD（高密度数字视频光盘）和课程，作为套餐的辅助部分出售。这是一个巨大的商机。"

我看懂了。然后，我们就开始着手准备。

我的团队整理了节目创意和形式并开始准备材料，库尔特则花时间寻找赞助商并打电话进行初步沟通。

我知道这个商业创意比节目创意更具吸引力。我们进行了颇具创新的深入挖掘，但我仍然不相信这个节目本身能卖座。所以，我迫不及待地想见到我们的销售天才，看看他能否给节目带来更多的创意启发。

戴尔（化名）来的时候，我的十几个工作人员正聚在会议室。他露出自信的微笑，和他在网站上的宣传照片一个样。

他开始回顾他教给全国销售人员的课程。这也将成为我们节目和商业创意的基础。

他真糟糕。

我当时真想打断他，然后把他踢出大楼。他滔滔不绝，好像是在表演一个糟糕的单口相声，不时掺杂着蹩脚的二手车销售建议和指导。

他夸夸其谈地讲述如何"敲单"，以及如何通过房间的布置来掌控客户。真卑鄙！

他谈到自己如何教销售人员搜寻客户办公室的照片或线索，去猜测他们的兴趣或爱好，然后指导学员编造相似的爱好，和客户拉近关系。他举了一个例子。他看到客户在一张照片中拿着一条鱼，就编故事说自己本来也是一个渔夫。他解释说自己其实连鱼都没钓过，说着就大笑起来。他大概以为这是一件值得骄傲的事情。

他甚至还讲到："要在沟通中直呼客户的名字"，说这是最甜美的声音。真是老掉牙了。

不用说，戴尔不是我们要找的下一个电视明星。当我们进一步挖掘时，结果发现他所用的材料也不是自创的，而是从其他专家那里剽窃来的。

让我惊讶的是，他东拼西凑的信息还有很多。

那一刻，我萌生了做现在这份工作的想法。

还记得会议结束后，我对库尔特说："如果我按照他说的做了，所有的电视公司都会把我逐出会议室，不允许我再进去。"

库尔特有点委屈。他说："也许你应该做他那份工作。"

这是我第一次认为自己所做的事情可能会对他人有所帮助。我非常清楚，我会阻止任何人为了和潜在客户套近乎而编造一个钓鱼的故事。

时刻想着成交

我在流行文化和网络语言中都见过这样的话。我更愿意把这句话变成"信息带动成交"，因为我相信它才应该被宣传和扩散。

如今的听众被各种信息所包围，他们很可能因为关注了个人化的东西而贬低信息的质量。戴尔关于钓鱼的那一派胡言就是一个典型的例子。

第十四章 你涂口红了吗?

在电视、电影和舞台上,我们把直接面对观众称为"打破第四面墙"。根据这个概念,当观众沉浸在你的故事之中时,他们会忽视或忘记自己其实是在观看一个别人创作的电视节目、电影或舞台剧。你如果打破了那堵"墙",就会将观众带出故事,提醒他们是在观看节目,而不是在亲身经历。

有时候,这么做有些作用。电影《死侍》(*Deadpool*)就运用了这个技巧,瑞安·雷诺兹(Ryan Reynolds)饰演的角色直接对着镜头说话。但这么做的目的是为了搞笑,让剧情和角色融为一体。只有少量的节目做过这种尝试,而成功者凤毛麟角。即便做对了,"打破第四堵墙"(脱离角色表演)也是一个冒险的想法。

问题在这里:假设在《勇敢的心》的最后一幕,你看到移动摄影车出现在荧幕中或话筒在画面中闪现,或者你看到背景中有化妆人员或下一场戏的道具。

场景还是原来的场景,情节各方面都没有变化,但给人的感觉完全不一样。

为什么这么一点不起眼的穿帮镜头就会产生那么大的影响?

因为它打断了观众的联想,让他们出戏,突然意识到自己是在看电影。它把焦点拉到了故事的创作上,而远离了故事本身。它打断了故事讲述者所谓的"怀疑暂停状态"。

电影人通常不希望出现这种情况。他们希望观众能够沉浸在人物和故事中。他们希望观众体会到剧幕之间的自然流动,直至影片结束。

你的推介演说也是一样。你不希望听众跳出你的故事,让他们有被推销的感觉。

你的推介演说是一条由信息构成的道路,一定要让信息引领听众。如果你的演说过于强调风格和个性,传递的信息就会模糊。千万不要堵住自己的路。

我刚开始时也有这个问题。我在演讲时总是激情澎湃、个性鲜明。在激情洋溢的背后,我的演讲内容常常会黯然失色,更糟糕的是,它可能会让我所说的内容大打折扣。

让我们回到口红的故事,说说我母亲是如何教给我谨慎使用夸张风格的。

我母亲是全国歌唱组织"甜美阿德琳"(Sweet Adelines)的活跃分子。这是个竞赛性的世界合唱组织,在全球24个地区有20 000名会员。"甜美阿德琳"的每个分会都由近150名女性组成,她们一整年都要为堪比业内"超级碗"的国际大赛而训练。她们会穿着亮闪闪的衣服,在台上表演精心编排的无伴奏和声。如果你看过电影《完美音调》(Pitch Perfect),想象一下,场面就和那里面的情节差不多,不过参与者是成年人,而且身材都胖很多。

随着我逐渐长大,我母亲越来越多地参与到这个组织的工作中。她做过合唱指导、评委、评委培训师、国际评委评判员,后来成为这个全球组织的会长。我母亲要联络、沟通、辅导世界各地的合唱团,为评委设立评价标准。我听说她被称为"甜美阿德琳"的韦恩·格雷茨基[1](Wayne Gretzky)。

我从小就经常向我母亲寻求建议。她在指导和教练人们如何追求

---

1. 韦恩·格雷茨基是加拿大著名冰球运动员。——译者注

第十四章 你涂口红了吗？

卓越方面有很强的洞察力。我每次筹划出一个面向观众的新话题时，都会先找她参谋一下。

我母亲给过我最有价值的一条建议是关于演讲和演示技巧的。

"布兰特，这听起来好像是你涂了口红。"

她是指合唱团在合唱效果不够理想时，想要通过着装打扮来改善形象，获得加分。

"有些合唱团的成员更关注服装、编舞或化妆。"我母亲说，"当我告诉她们，她们需要更多声带共鸣时，没有人想听。因为那需要付出巨大努力，她们不愿意接受。当她们最终意识到是发声问题的时候，我也无能为力了。如果她们的声音效果完美，口红会锦上添花，舞台编排可以加分，而闪亮的服装会让她们在舞台上光芒四射。每年的冠军合唱团都是唱得最好的团队，她们的表演风格也出类拔萃。"

我在培训工作中也经常遇到这种情况。客户希望我告诉他们最简单的补救方式。他们希望问题出在图片上、领带上或仅仅是他们不够自信，因为解决这些问题比修改内容和商业创意容易得多。

我不得不告诉他们问题的关键在于内容，而不是演示；问题在于信息，而不是传递信息的人。

当我母亲看到我试图为了掩饰演讲内容的不足而在演示技巧上添油加醋的时候，她就会问我"你是在涂口红吗？"

她说得没错。当我努力让自己的观点清晰明了时，当我挣扎着找到正确的方式说明自己的想法时，我希望自己的性格和风格能助一臂之力。那时我并没有全力以赴。因此，每次我意识到自己在这样做时，我就会逼迫自己后退一步，逼自己再努力一点。只有信息和故事完美了，我才能放心地稍稍展现一些个人风格。

所以，请始终先关注信息，再考虑传递信息的方式。

激情陷阱

"演讲时要有激情。"这句话我都听烦了。我清楚激情对业务、产品或服务的影响，我知道大多数人都觉得要在演讲中充满激情。

我并不想反驳这点，不过要明确告诉你：虽然激情在演讲中有着强大的力量，但它也很危险，而且容易被误用。我告诉我的客户："演说中的激情澎湃就像是在岌岌可危的情况下走钢丝。你走得越远就可能跌得越疼。"

"激情"只是热情、兴奋、投入或强烈信念的统称。实际上，它成了我们描述人们对事情的兴奋程度的标准。

演说时过度投入激情的缺点是你表现得越激动、越兴奋，你的演讲就会显得越个人化。小心这里的分界线。你希望通过激情来强调信息，推动故事，但你一定不想用力过猛，喧宾夺主。

你在演说时要注意两个主要的危险区，因为它和你的个人风格以及我们所说的激情有关系。

危险区1：热情变推销

每个人都有这个问题。在表现出对你的业务、产品或服务的热情时，你很快就会在热情的鼓动下进行推销。此时，听众会觉得你更关心"销售"，而不是你的产品或机会。听众会察觉你急于销售，而不是渴望分享。它打破了"第四面墙",解除了你努力施下的咒语。

你应该对信息充满热情。要注意,你不能地毯式地在演讲的所有要素中都充满激情。你可以用一波激情来强调关键信息,然后养精蓄锐,等待再次蓄势爆发。激情的运用应该取决于信息,而不能仅仅为了演说效果肆意发挥。相比说出"天哪,你能感兴趣,我真激动!"这种话,你可以说"天哪,我分享的信息真棒!"。

你需要传递信息,而不是推销和煽动。

推销和煽动的做法会立即破坏你的信誉。听众会认为你所说的话都是为了达到个人目的,因此你的事实陈述和信息陈述也会受到怀疑。现在的听众都高度敏感,他们很容易受到影响,从而拒绝煽动。

如何避免表现出煽动性?

要有信心。

这并不是说你要对自己有信心,而是要对你的信息充满信心。如果你坚信自己传递的信息质量高、有效果、有价值,它们就会有说服力。

假设我正在说服你让我承办你的下一场聚会。我准备让戈登·拉姆齐担任主厨,亲自参加聚会并监控晚餐的品质。

有了这些信息,我需要向你销售吗?我在演说时会有迟疑吗?我需要告诉你聚会之夜将会何等精彩吗?

不,我会让信息来完成销售。我相信事实会说话。主厨是戈登·拉姆齐呀!这就够了。

从另一个角度来看,如果我打算聘请一位以前从未给我做过饭而且我从未见过的厨师,那么我可能会担心你是否会买账,也会觉得我应该主动出击说服你。为此,我必须要创意十足,可能还得表现夸张或做出自己都不确定能否兑现的承诺。

你可以在这些极端的例子中看到差异。你对自己的产品越有信心,你就会觉得主动推销越没必要。相信我,听众可以感受到你的状态。你的推销痕迹越重,就显得你越不自信,听众就越不可能相信你。

请相信,你的推介演说或演示将把听众带到你期待的地方。相信我,听众能够根据已知信息得出你想要的结论。你不需要推销,不需要自卖自夸。

这做起来可能不容易,因为当我们内心特别渴望或需要一些事情的时候,天性会驱使我们进行推销。

我的办公室贴着一张海报,上面写着:

你实现目标的渴望越强烈,你的激情越有可能变为推销。

欲望推动行动,你可以找到一卡车的博士论文来说明这个观点背后的哲理。

这并不是什么高深莫测的道理。你越想得到一个东西,就会越努力。你渴望得到的东西不一样,你的行动也不同,甚至会做出奇怪的举动。

在推介演说或演示中,激情和推销的谜题与你的措辞有关。

当你在推介演说或演示中自卖自夸时,听众会感受到你对结果的渴望。如果持续表现出这种状态,你会显得急迫。你绝对不想表现出急于求成的状态。

当你竭力推销的时候，你会努力：说得对、说得够多并说得够大声。

在迫切希望别人能按照我们的方式看待事情的时候，我们就会经历上述过程。

在凭直觉做事的时候，比如生气时，你会清楚地看到这点。

想象一下你上次和伴侣或身边重要的人激烈争吵的画面。

你可能听到自己和对方之间有这样的对话：

"我没说那种话！"

"你说过一百遍！"

"你为什么大喊大叫？！"

在对他人感到气愤以致双方处于对抗状态时，你迫切希望他能够理解你的想法，你的本能开始发力。

你努力想要说得对。你觉得对方没有明白你的立场，是因为你没把信息表达准确。你尝试用不同的方式或不同的风格再说一次，但他们还是"不明白"。你感到震惊，因为你感觉问题已经足够清晰明了，而且你也已经竭尽所能了。

在演说中尝试使用俏皮的文字和语言，就会传递出这种迫切感，会流露出一种你在努力用文字游戏或技巧带节奏并影响观众的感觉。这就是我经常提醒人们谨慎使用神经语言学或沟通技巧的原因，因为它们能让观众一眼看出你真的很想"说得对"。

让信息为你代言。不要让听众感觉你是在劝说他们。

在努力想要说得够多的时候，你觉得听众可能没有听清或者没体会到你想要传递的效果，因此你说了一遍又一遍。

结果是你一直在重复。你会发现，自己越生气、越恼火，越会重复同样的话。因为你觉得一定要让对方听到最重要的信息，而当你没得到想要的结果时，你就会再说一次。

这在演说中很常见，因为你相信手中的信息的价值。你要多说几次，以确保听众听进去了。

别这么做！一定要充分相信你的信息的有效性，让它自力更生。如果你反复强调，反而会让听众产生怀疑。

当你试着说得足够大声的时候，你想确保重要信息和关键事实能够得到最大程度的重视。在激烈的交锋中，你不断提高自己的声音，通过一次次提高音量，告诉对方"听听这条信息"，因为这是你迫切希望他们在那个时刻听到的内容。你觉得争论的胜败在此一举。然而，争论依然不断升级，因为在大喊大叫没能达到预期效果时，你会尝试更大声地喊叫。

在推介演说或演示中，这种音量的提升是通过文字和风格实现的，例如用"口气大"的形容词修饰句子。回想一下，你用过多少次类似"革命性"、"突破性"或"难以置信"之类的词语来强调你的信息。这些词语并不是必要信息，但你说出这些词的时候就是想大声地把那些话说出来。

这在剧本写作中被称为"LYs"[1]，即过度使用副词的意思。用副词描述情况会给人一种业余感。感受一下下面两种表述的差异：第一种，作者只用"愉快地"描写女孩接受男孩邀请的过程；第二种，作者给出细节描述，"她睁大了眼睛，露出微笑，然后点头答应"。

---

1. 英语中的副词多以"ly"结尾。——译者注

在写剧本的时候使用副词是懒人的做法,而在推介演说或演示中使用副词则是推销和煽动的表现。

为了避免在演说或演示中急于求成地推销,请回归简化信息的核心。让信息去做工作。对信息充满热情。对产品的价值满怀热情。让听众感觉到,他们如果掌握了你的信息,就会像你一样兴奋。

让信息和结论推动你的演说,而不是反之。

危险区2:不合时宜的激情

你应该不惜一切代价地绕开这个危险区。如果你在演说中对于某件事表现出不合时宜的激情或兴奋,听众就会感到一头雾水。

不合时宜的激情不仅会让观众不再关注信息,还会让他们开始评判你这个人和你的价值观,而且还不会给出正面评价。你一定不想陷入那种处境。

你有没有过这样的经历:一个熟人和你热情地分享了一部电影,而你看过电影后,不仅对电影感到失望,而且还会纳闷:"怎么会有人觉得这部电影好?"这会让你怀疑他们的品位,而这种印象很难消除。

30年前,我给父母推荐过詹姆斯·伍兹(James Woods)和小路易斯·高塞特(Louis Gossett Jr.)出演的电影《英雄本诈》(*Diggstown*)。可是,自那以后,他们再也不接受我推荐的电影。不过我还是支持《英雄本诈》。

为什么如今朋友之间的政治分歧会毁掉友谊呢?是因为不合时宜的激情。你若想不出支持民主党或共和党的理由,就不会支持它们任何一个。如果有人无法理解一个朋友对某件事无缘由的热衷，两人的友谊就会翻船。如果你的朋友政治立场并不明确，你们是不会分道扬镳的。只有嗓门最大、情绪最激昂的人才会引起这种矛盾。

由此可见激情的强大和危险之处。

我经常见到糟糕的节目创意和推介演说。实际上，我听到的98%的节目推介演说都差强人意，不能在电视上播放。其中一半只是因为创意平平，这是业内的普遍现象。

但有时候，制作人进门就粗鲁地、狂热地推介一个糟糕创意，我不仅不会同意，还会告诉我的助手："以后不要让他再进我的办公室。"

我见过很多节目开发主管候选人在面试时推介一个创意。面试本来进展得很顺利，直到他们直截了当地说出"请对我刚介绍的创意做出评判，我觉得那个想法很好"。我不止一次对候选人说："如果你觉得那是一个好想法，你就不适合这一行。"

对主观要素充满热情是很危险的。你不应该向别人展现出你对个人观点的热情，你的目标应该是展示你对客观事实的热情。

我总是告诉我的客户，如果你能在一个论述前加上"我认为"或"这可能"这种主观修饰语，它就是一种主观意见，我相信你也不希望添油加醋。让你兴奋的应该是你谈论的结果或事实。

拿"自由鸟"App来说，程序后台可以浏览信用卡消费纪录并将其与消费者的乘车情况相匹配，这个事实恰恰是让我们激动的要素，因为它改变了服务的整体发展。库尔特认为这"可能"会改变广告营销和交通之间的关联方式，但这个想法只是他的一种见解和结论，并不需要加以强调。实际上,我也告诉他不要在推介演说中提及这点。

信息本身会自然而然地引导听众得出结论。库尔特不需要自己去销售。

你是否对一个观点或结论热情满满?你是否想通过激情澎湃的推销迫使听众接受你的观点或结论呢?

要对你的信息有信心。相信你的信息和3分钟推介演说会让听众理解你的观点并得出正确的结论。

导演剪辑版

我在第七章中提到过,你永远看不到电影的导演剪辑版,也不会觉得那些缺失的场景和多出的放映时间有多大作用。这是有原因的。

你现在阅读的并不是我写的最终版本,而是编辑和几十个其他工作人员在好几次草稿的基础上经过注释、增减和调整的结果。这不是"导演剪辑版"。

几乎每个创意活动都有一个不断改进的刻意标注过程。协作和外部影响总能让产品变得更好。你不要害怕或否定外人的反馈。否则,你只能在回音室中听到自己的声音。

随着我的电视业生涯的不断积累,我在选择创意的时候拥有了越来越多的自主权。我能够做主购买或开发我想要的任何节目。

但我一直都拒绝这么做。我为什么要这么做?虽然它能展现自我,但我始终觉得,如果我的老板、市场部或办公室助理都不相信这场推介演说,那我卖出节目并让它登上荧屏的希望不就更渺茫了吗?

自主权通常是一种功能上的便利，而不一定能增强创意效果。

因此，我给你提供的最后一条也是最重要的建议是：在收集好信息，把它们提炼、打磨成完美的3分钟推介演说，经过便利贴练习、价值陈述描述，找到你的"锋刃"和"钩子"，最终完成所有工作之后，你再把它拿给别人看。

我知道向他人寻求意见可能会自找麻烦、感到挫败，你如果向6个人寻求意见，那么可能会得到8种不同的答案。人们喜欢发表意见。即便如此，你也要试一试。把你的演讲拿给你认为会喜欢它的人，也把它展示给你认为看不上它的人。看不上它的人给出的建议往往更有帮助。让他们给你泼泼冷水，这样你就能看到演讲的不足之处。

你将对原本胸有成竹的内容更有信心，而且对之前被忽略的问题加以准备。

你说不定涂了口红。

归根结底，这和你对信息的信心有关。把信息摆明，让它接受检验。

致 谢

我没获得过奥斯卡奖，也没得过艾美奖，因此还没机会在获奖感言中感谢所有帮助我走到今天的人。所以，我觉得最好从现在开始吧。首先，我要感谢美国给予我的一切。如果没有美国及其给人们的希望，这一切都不可能，这并不仅仅是说这本书。我今天的地位和成就皆源于这个国家对我的接纳和欢迎。我将永远感恩那些提供这些机会以及为之做出牺牲的人。

感谢我的妻子朱莉安。25年来，你一直是我最大的支持者和最忠诚的伙伴。回首多年前，难以想象我能有今天的成就，是你一直在激励我，给我挑战，帮我提升。谢谢你! 我的大儿子卡勒斯，我的女儿布里安娜，还有小儿子布雷登，谢谢你们每天带给我的快乐和灵感。

感谢我的父亲丹尼斯（Dennis）和母亲马西娅（Marcia），是你们给予了我最可爱的品质，接纳我身上的坏毛病。你们总是以各种方式支持着我。谢谢我的弟弟肖恩（Shawn），你是我最亲密的盟友和最信任的顾问。在我面对挑战和困难的时候，你总是站在我身后，陪在我身旁，甚至在面临危险时挡在我前面。咱们的情谊会一直延续。爱你!

本书代表着一段漫长艰辛的旅程的结束,我达成了一个目标。但它又是新篇章的开始,我已经跃跃欲试了。这一路有很多重要的人物,是你们让这一切成为可能。

温迪·凯勒(Wendy Keller),感谢你让这本书得以出版发行。我很开心听取了你的建议,跟随了你的脚步。那个决定做对了。杰弗里·海兹利特,在那顿午餐中,我说:"我想做你所做的事情。"谢谢你让我看到了另一条路,你是一位特别棒的朋友和导师。菲尔·雷夫津(Phil Revzin),谢谢你让我的文字更加流畅,思路更加清晰。马克叔叔,谢谢你带我前行,给我指明道路。我如果没参加那场NobleCon会议,就不可能有今天的成就,我也相信Channelchek公司将引领未来。谢谢考施克·维斯瓦纳特(Kaushik Viswanath),是你那封周末寄来的信让我去了企鹅兰登书屋。我确定这就是正确的归宿,而你是我最好的伙伴。干得漂亮!

戴维·福斯特(David Foster),在我们见面的第一天,你就给了我5 000美元并和我说:"不要因为需要钱而接受一个合同,否则你会后悔。"你让我住在你家,当我搬到洛杉矶时,你给我的妻子打了电话。你看到了我的潜力并且信任我。没有你,我不会有现在。

马特·沃尔登,你以身作则,是朋友,是导师,也是榜样。在你的影响下,我知道了自己的目标。我将永远铭记你的指导。

肖恩·佩里(Sean Perry)是我的第一任经纪人,也是我的好朋友。谢谢你一直在我的团队。第一次见面时,你告诉我必须始终如一地做好每一场推介演说,才能被人们所知。谢谢!

埃里克·贝尼特(Eric Benet),你是我最好的朋友和兄弟。我不知道一位黑人R&B歌手和一位加拿大白人创业者如何成了亲密无间的兄弟，但我们不问为什么。你在专辑的内页提到了我，那是我最骄傲的时刻之一，因此我在这里回报你的爱。

洛恩·阿尔科克（Lorne Alcock）是我的忘年交。你如果不知道洛恩是谁，那么将无法理解我为什么这么说。谢谢你让这趟列车启程。你比任何人都更了解这个故事。你永远是这个星球上我最喜欢的人之一。

生活由一系列事件、人际关系、决策和行动构成，它们铺就了通往今天的道路。有些瞬间在发生之时就注定不凡，但对于大多数瞬间，你在过了很久之后才会发现它们对你的影响，而造就这些瞬间的人可能永远都不知道他对你的巨大影响。我很荣幸能够有机会在好运的呵护下回顾自己走过的历程，感谢那些带领我走到今天的人们和瞬间。他们给我的意义已经不止一本书。

我的第一个商业伙伴是JAM的贾格·菲格拉（Jag Phagura），一切就此展开。我的第一位导师伊莱·帕斯夸莱（Eli Pasquale）给我鼓舞，教我把目标定到太阳上，因为即便没有成功，仍然有可能落在月球上。谢谢皮特·博德曼（Pete Bodman）和特雷弗·蒂默曼（Trevor Timmerman），还有凯奇·泰勒（Cage Taylor），不知道没有那些日子这一切将如何发生。感谢诺姆·基拉尔斯基（Norm Kilarski），感谢你疯狂地督促并联系戴维，非常感谢你的帮助。SHC的乔和约翰，谢谢你们支持我，并在我高中时期给我带来了最初的创业灵感。马琳达·赫什卡（Marinda Heshka），谢谢你总是冷静面对一切。夸奥·桑切斯（Cuauh Sanchez），谢谢你在关键时刻帮我联系坎昆。戴夫·马什

(Dave Marsh)和詹姆斯·勒米尔(James Lemire),感谢你们一路上给我留下的美好回忆。柯克·肖(Kirk Shaw),感谢你帮助我并给予我严厉的爱。

斯科特·拉斯塔提(Scott LaStaiti),你是我在洛杉矶最早的客户之一,没想到我们会携手走到今天,仍然是并肩工作的朋友。你永远是我生命中的持久动力。杰森·海特(Jason Heit),感谢你让斯科特参加会议,我欠你一个人情。杰夫·加斯宾,你的邀请和支持让这一切成为可能,我仍然记着那一刻。兰斯·克莱因(Lance Klein),谢谢你在ABC的停车场打电话告诉杰夫·加斯宾"我们有个大计划"。阿里·伊曼纽尔(Ari Emanuel),感谢你打电话询问"那个加拿大孩子在城里吗"。McG和斯蒂芬妮·萨维奇(Stephanie Savage),谢谢你们打那个电话。玛丽·阿洛伊(Mary Aloe),谢谢你推动事情的运作。传奇人物迪克·克拉克(Dick Clark),感谢你的邀请;吉米·米勒(Jimmy Miller),谢谢你让我们不接受邀请。马特·约翰逊(Matt Johnson)和斯基普·布里顿纳姆(Skip Brittenham),谢谢你们在那场董事会议中成为我的第一任律师。迈克尔·格鲁伯,谢谢你铤而走险,给一个不知天高地厚的小子机会。加文·里尔登(Gavin Reardon),感谢那次MIP之旅。加里·本茨(Gary Benz),谢谢你让我在电视业小有成就。约翰·费里特(John Ferriter),谢谢你在推荐电话中说"但约翰不是我的经纪人"。安杰拉·夏皮罗-马西斯(Angela Shapiro-Mathes),谢谢你带给我的巨大机会,希望你和我一样对这一切感到满意。

J. D.罗斯(J. D. Roth)和托德·纳尔逊(Todd Nelson),谢谢你们教给我终生受用的经验。库尔特·布伦德林格,谢谢你的热情支持以及给我带来启发。雷诺特·乌利曼（Reinout Oerlemans），谢谢你带我结识了许多大机构。加勒特·格雷科（Garret Greco），你是我的得力助手，你就是黄金标准，将永远像我的家人一样。特雷西·伦茨（Tracey Lentz）、麦克·马多克斯（Mike Maddocks），还有安布罗西奥·阿维斯特鲁斯（Ambrosio Avestruz），哇哦，我们这一路真是精彩纷呈。托德·温斯坦（Todd Weinstein），我们一起成长，谢谢你在个人方面和专业方面都给予了我莫大支持，这真是我的福气。乔希·克莱因（Josh Klein），谢谢你让我不断进步，你是我认识的最有想法的人。内特·泰弗勒（Nate Taflove），谢谢你早期在《福布斯》的编辑工作，是你帮我搭建了舞台。克里斯琴·罗宾逊（Christian Robinson），谢谢你15年来与我并肩合作，你是最棒的。阿伦·马里昂（Aaron Marion），谢谢在你公关方面做出的努力。塔尼娅·克里奇（Tanya Klich），谢谢你为我提供平台。

汉克·科恩，你是一位真挚的朋友和支持者。自从我们和福克斯公司开始合作以来，你一直都是我的坚实后盾。迪恩·沙尔（Dean Shull）和杰克·彭特兰（Jake Pentland），谢谢你们所做的编辑工作；肖恩·赖利（Sean Reilly），谢谢你的校对；还有伊莱西娅·鲁宾（Elycia Rubin），谢谢你牵线搭桥。

本书是我在好莱坞制作节目经验的总结，但它也是我从这些年来对我影响重大的朋友身上所学到的人生经验和业务经验的精粹。

马克·缪尔（Mark Murr），谢谢你一直为我提供指导。乔治·萨尔瓦多（George Salvador），你就是我的OG推动器，在我们还没有方向的时候，你已经开始行动了。埃伦·加拉赫（Ellen Gallacher），谢谢你所进行的网站工作。马克·库普斯（Mark Koops），你对生活总是积极乐观，谢谢你在我被解雇后照顾我。我将永远把这一切铭记于心。拉比·戈拉姆（Rabih Gholam），谢谢你早上打电话叫醒我。乔尔·齐默（Joel Zimmer），感恩从马里布（Malibu）到现在的日子。萨利安·萨尔萨诺（SallyAnn Salsano），谢谢你给我展示了另一个强度级别，太棒了。杰森·丁斯莫尔（Jayson Dinsmore）、阿伦·罗斯曼（Aaron Rothman）和伊莱·弗兰克尔（Eli Frankel），我们是四骑士，我们真是胆大包天！杰夫·凯尔（Geoff Kyle）、艾尔·麦克贝斯（Al McBeth）、摩根·冈萨雷斯（Morgan Gonzalez）和基思·艾伦（Keith Allen），谢谢你们让我跳出好莱坞的思维模式。帕拉格·马拉特，我深深感激我们的友谊，感谢一切。贝丝·斯特恩（Beth Stern），谢谢你在动物救援方面给我的灵感。杰夫·巴特勒（Jeff Butler），你是一个伟大的朋友，也是一位卓越的领导者和商人。我的生活因为遇见你们而变得更好。

　　谢谢我的家族成员们。艾伦·平维迪奇（Allan Pinvidic），你是最称职的大哥。我的姨妈玛格特（Margot）和戴安娜（Dianne），你们让我的成长经历丰富而和谐。我的祖母玛格丽特（Margaret），你永远在我心中给我指点迷津。安东尼尼（Antonini）家族——马蒂（Marty）教给我还能那样玩音乐，科里（Cory）给我提供了福德洛克（Fuddruckers）俱乐部的指导。莱恩（Len）、凯利（Kelly）、罗布（Rob）、邦妮（Bonnie）、埃德（Ed）和迪安妮（Deanie），谢谢你们给我带来的"晕眩"时刻。埃德，我妻子会永远记着你。迈克（Mike），谢谢你的房子。托尼（Tony），替我妈妈谢谢你；克里斯汀（Christine），你是我们出门在外的妈妈；还有路易斯（Louise），谢谢你。布兰登

（Brandon），谢谢你在我们的车胎脱落时及时提醒并帮助换胎。路易（Lui）和玛丽（Marie），谢谢你们所做的一切，你们是我的榜样。

最后，特里西娅（Tricia）表姐，你是我认识的最坚强、最有韧性和最励志的女性。愿上帝保佑你，谢谢你给我鼓励，让我抓住时机并在我害怕时握紧我的手。谢谢你让我成为更优秀的人。